1월의 책
죽고 싶은 김승일

1월의 책
죽고 싶은 김승일

BadBedBooks

차례

시

지옥 · 9
여기까지 인용하세요 · 11
행복한 죽음 · 14
You can never go home again · 17
종교시 직전 · 20
결혼 · 23
무엇이 사랑할 수 있을까 · 25
기계문과있었다 · 29

산문

사이비 종교(3) · 33
2015년 1월 9일에 광화문에서 시인들과 내가 했던 말 · 36
실비아는 사루비아다 · 45
대회 만들기 대회 개최식 축사 · 48
백승욱 선생님 문화연구학과 김승일 학생입니다 · 51

일기 · 53

연보 · 131

시

지옥

 내가 시인이 아니라 고대 그리스의 철학자였으면 좋겠다 너도 그랬으면 좋겠다 영상 다큐멘터리 감독이 우리 둘의 일생을 촬영했으면 좋겠다 둘의 철학은 구별된다 너는 나의 태도를 나는 너의 생활을 사랑한다 너와 나는 지옥이 무엇인지에 대해 종종 의견을 나눈다 지옥은 내가 아직 겪어보지 않은 곳이다 내 관점이고 지옥은 이미 겪은 괴로움을 겪는 곳이다 네 관점이다 내가 맞다 내가 지옥에 가면 나는 거기가 지옥이 아니라고 할 것이고 네가 옆에 있다면 너는 여기가 지옥이 맞다고 할 것이다 아니야 여기보다 더 괴로운 데가 있을 거야 너는 지옥에서도 내 해석을 좋아해 줄 것이다 그러나 너는

 둘 중 하나가 병에 걸려 먼저 죽으면 다큐멘터리 감독이 편집을 시작했으면 좋겠다 은근슬쩍 한쪽 편을 들어주었으면 좋겠다 그리하여 시름시름 앓고 있는 나의 거처로 영상 다큐멘터리 감독이 찾아온 것이다 그에게 마지막으로 하고 싶은 말이 무엇입니까? 나는 잠시 고심하다가 손으로 땅을 짚었다

천천히 상반신을 일으켜 세우고 카메라를 똑바로 쳐다보았다 고르기아스, 난 항상 왜 네가 누구랑 있는지가 궁금하지? 내 앞에는 아테네의 다른 모든 시민들처럼 은근슬쩍 너의 편만 들어왔던 감독님이 서 계시다 너는 지옥에서 누구랑 있나?

여기까지 인용하세요

엠에프 기획전을 위한 단상

 엠에프는 머신 픽션의 약어고요 기계 앞에 앉은 사람에 대한 시를 쓴 다음부터 쓰게 되었습니다 키워드를 입력하면 자신이 그 키워드(지시체)라고 착각하는 기계에 대한 글도 썼는데요 저는 그 기계를 홀이라고 부릅니다 엠에프는 인간이 기계의 메커니즘은 이해할 수 있지만 영혼은 이해할 수 없으며 기계의 영혼을 영혼이라고 명명할 수도 없다는 전제를 바탕으로 둔 장르입니다 기계에 빼롤이 있다면 이 역시 포함시킬 수 있겠습니다 최근에 어떤 기계가 되고 싶냐는 질문을 받았습니다 시 쓰는 기계랑 쾌락 느끼는 기계랑 꺼진 기계랑 망가진 기계랑 없어진 기계랑 다시 만난 기계가 되고 싶다고 답했습니다

 계획은 이렇습니다

엠에프를 쓸 것입니다 여러분도 씁니다 나중에 엠에프에 대한 전시가 미술관 같은 곳에서 열릴 것이고 전시장에 있는 유리 케이스 안에 우리들의 책들이 전시될 것입니다 케이스 밖이나 안에 전시 관련자가 쓴 글이 첨부되어 있을 겁니다 거의 에이포용지 크기일 것이고 그 글의 서두에는 이 책들은 직간접적으로 엠에프와 관계한다고 쓰여 있을 것이며 유리 케이스의 옆에는 홀이 있었으면 합니다 홀을 작동시키기 위해 당신은 홀이 자신이 홀임을 의심하지 않고 의심할 수 없고 의심하지 못하고 있다는 것을 믿어주셔야 합니다 기계 앞에 앉아 계세요 충분하다고 생각되는 만큼 전시 관련자는 당신이 지금 읽고 계시는 이 글의 전문을 인용하고 다음과 같이 덧붙일 수 있습니다

　엠에프를 처음 전개한 사람의 초기 발상은 자신이 만든 종교가 사이비라는 것을 처음부터 대중에게 주지시키면서도 자신은 그 종교를 믿겠다고 피력하는 일종의 라이프 스타일이

다 하지만 이 전시는 발상을 전환한 탈주체적 라이프 스타일들을 백과사전 형식으로 나열하는 것에서 멈추는 것이 아니라 엠에프를 둘러싼 사회문화적 담론의 흐름을 통해 당대의

행복한 죽음

"그녀의 아버지는 일본인이고 어머니는 러시아 사람이라더군."

그 한국인은 나보다 그녀에 대해 더 많이 알고 있었습니다 우리는 한국의 고등학생이었어요 그날 이후, 집에서 통일교에 대해 알아보는 것이 제 소일거리가 되었습니다 기계가 말했다

여러분, 이 기계에게 그녀의 부모님 얘기를 해준 한국인이 제 고조할아버지랍니다 묘한 우연이죠? 큐레이터가 씩 웃으며 기계의 말을 끊었다 자 그러면 기계님 계속 말해보세요 그 여자가 음절을 똑똑 끊어가며 말하는 것을 듣고 있자니 기분이 몹시 언짢았다

그녀에게 나도 통일교를 공부하고 싶다고 했습니다 기계음에는 높낮이가 없었다 그녀는 너무나도 기쁜 표정을 지었습니다 우리는 수련소에 함께 다녔고, 그녀의 부모들도 저를 환영해주었어요 그녀의 부모들은 제 선생님이 되었습니다 통

일교에서는 꼭 참부모가 맺어준 사람과 결혼을 해야 하나요? 선생들은 꼭 그런 것은 아니지만 그럴 것을 추천한다고 답했습니다 그러다 기계 수술이 생겼습니다(기계는 여기까지 매우 빠르게 말했다) 그녀는 죽음을 두려워했습니다 선생들은 울부짖으며 그녀의 선택을 막으려 들었습니다 기계가 되는 수술을 받겠다고 기계가 되는 수술을 기계는 그녀의 부모들을 흉내 내는 듯했으나 기계음에는 높낮이가 없었다 뻬뜨로브나 네가 수술을 받으면 나도 받을게 기계는 계속했다 수술을 받고 깨어나 보니 그녀가 없었습니다 그녀의 집으로 향했습니다 선생들은

그녀가 수술을 받다가 성화했다고 했습니다 죽었다는 뜻입니다 통일교를 믿는 자들은 죽음을 슬퍼하지 않습니다 그러나 나는 슬펐습니다 선생들도 슬퍼 보였습니다

아시겠나요? 저 기계는 뻬뜨로브나를 만나기 위해 통일교를 믿는 거예요 그 옆의 기계는 남편을 만나기 위해 불교를 그 갈색 기계는 어머니를 만나기 위해 기독교를 믿는 것이죠

기계들과 조금 떨어진 곳에서 큐레이터가 큰 소리로 재잘거렸다 저희 박물관은 이렇게 희귀한 신앙심들을 전시하고 있습니다 사라진 종교들을 아직도 믿고 있는 몇몇 기계들을 만나고 오셨습니다 특히 통일교 기계가 인상이 깊지요 그 기계가 사랑했던 여자가 제 고조할머니랍니다 맞아요 뻬뜨로브나죠

  나는 그날 이후로 너무 많이 슬플 때면 전시장에 가곤 했다 통일교 기계의 옆에 앉아 있으면 마음이 편안했다 뻬뜨로브나의 손녀가 떠들어댈 때 나는 기계의 미소를 상상하거나 눈물을 상상했다 그가 인간이었다면 어쩌면 우스꽝스러운 불구자였을 것이다 나는 종종 그런 생각을 하면서도 박물관으로 매일 출근하다시피 했다 그것은 우정 같은 그 무엇이라고 볼 수도 있었다

You can never go home again

 다음은 수녀스님이 꾸고 있는 꿈이다 신딸이 신엄마에게 큰절을 한다 대단해요 하느님은 백인이었다 부처님도 백인이었다 하지만 아직 하느님과 부처님을 만나보지는 못했다 분명히 곧 만날 것이다 다음은 꿈에서 깬 수녀스님이 무얼 하는지 묘사하고 그녀의 생각을 서술한 글이다 수녀스님은 잠에서 깨어 꿈에서 본 것들을 정리하게 되었다 내가 꿈에서 저승에 갔구나 엄마를 봤네 다음은 희정 씨가 왜 수녀스님인지 소개하는 글이다 희정 씨는 수녀면서 점집을 겸한 작은 절의 스님이었다 점집절은 신촌 골목에 있었고 수도원은 마포에 있었다 그녀는 이중생활을 했다 희정은 어려서부터 수녀가 되고 싶었는데 고등학생 때 신이 들려서 신내림을 받아야 했다 그녀는 수녀가 꼭 되고 싶었다 신엄마는 불교 공부와 사주 공부를 열심히 하고 가끔 점도 봐주면서 살면 전업 무당을 하지 않고 일반인 행세를 하면서 살 수 있다고 조언했다 다음은 묘사와 서술이다 수녀스님은 화가 났다 다음은 수녀스님이 꾸고 있는 꿈이다 신딸은 토마스와 법정의 생김새를 안다 자살한 자들의 지옥에는 왕동백나무가 분명히 있다 다음은 잠에서 깬 수녀스님의 생각을 서술한 글이다 엄마를 봤네 다음은 수녀스님이 꾸고 있는 꿈이다 이제 그들을 만나러 가자 신엄마가 가자고 한다 백인들을 만나러 가자고요? 신딸의 물음에 신엄마가 대꾸하지 않는다 불안하네 둘은 움직인다 신엄마가 신딸의 손을 잡는다 이제 그들과 아주 가까워 그들이 가까이 있나요? 신딸의 물음에 신엄마가 고개를 끄덕인다 행복하다 다음은 수녀스님의 미래를 소개하는 글이다 희정은 믿음이 강할 때는 가끔씩만 믿지 못할 것이며 분노가 치밀 때는 가끔씩만 믿을 것이다 다음은 믿음이 강할 때의 불신 속에서 희정이 하는 행동이다 희정은 잠을 잔다 다음은 분노가 치밀 때의 믿음 속에서 그녀가 하는 행동이다 그녀는 눈을 감는다 다음은 눈을 감은 여자의 생각이다 믿고 있다 다음은 눈을 감은 여자의 생각이다 눈을 뜰까 다음은 수녀스님이 주인공으로 나오는 희곡을 요약한 것이다 막이 오르면 수녀스님의 일상이다 막이 내렸다가 다시 오르면 수녀스님의 49재다 우리스님을 성당에 묻다니 불자들이 화가 났다 비구니들이 승무를 춘다 막이 내렸다가 다시 오르면 수녀스님의 꿈이다 신엄마가 신딸에게 이제 가자고 한다 그들은 움직이지 않는다 다음은 수녀스님의 생각을 서술한 글이다 희곡을 썼네 여기까지 쓴 다음 나는 희정 씨가 어디에 있는지 알고 싶다 그곳에서 그녀를 꺼내고 싶다 이렇게 생각해도 기분이 좋아지지 않는다 자야겠다

종교시 직전

 이제 나는 신의 중요성을 알겠다 이제 시는 종교시만 쓸 것이다 젊었을 때 어떻게든 돈 벌어 놓고 일주일에 한 번씩 평양냉면하고 고기 먹으면서 종교시만 써야겠다 그래도 되는 종교다

 선생님 덕분에 저는 가톨릭 대시인의 이름을 부모님이 주신 이름 대신 사용하고 있습니다 송구하게도 제가 요즘 믿는 종
 교는 선생님께서 믿는 종교가 아닙니다 그러
 나 저는 앞으로 그 가톨릭 성인의 일생과 흡사한 삶을 살 것 같아요 그는 자신의 막대한 재산을 가난한 자들과 교구를 위해 대부분 내놓았지요 앞으로는 저의 시편에도 파울리노의 시처럼 생
 명과 영혼과 해방이라는 단어가 자주 등장할
 것입니다 제 종교의 신자들은 목성인을 존경합니다 목성은 고체가 아니라 기체로 구성된 행성이다 생명체가 존재하

기 어려운 환경이기 때문에 목성인의 육체는 인간의 육체와는 다르다 그들은 가스로 구
성된 존재다 영혼 자체다

종교시는 종교음악 같은 것이다 신을 만난 기쁨에서 흘러나온다
우리 종교에는 신이 없어요 목성인도 신은 아니랍니다 우리 종교의 세계관에선 목성인도 나타 종족의 하수인에 불과합니다
하지만 종교시는 신을 찬양하는 시예요
그럼 종교시를 쓰지 마세요 평소에 쓰던 시를 계속 쓰세요

나는 왜 그럴 수 없는지 설명할 것이다

여의도에 새로 생긴 냉면집에서 신에게 감사 기도를 올렸다 면을 먹고 나와서 하늘을 보니 오늘도 많은 것이 낯설고

겨울이라 치가 떨렸다 첫상봉이란 제목으로 종교시를 쓰고 싶다 오늘은 목성에서 발해지는 전파를 인간의 가청 영역으로 변환한 소리를 듣는다

결혼

 두 사람이 나오는 소설을 읽으면 안심이 된다 한 사람이 나오면 그 사람은 실패한다 두 사람이 친구라면 두 사람이 형제라면 두 사람이 남매라면

 구분할 수 없는 두 사람이 나오는 소설은 그녀가 좋아하는 소설이다 그러나 프레디와 주이는 다섯 살 터울의 남매다 다섯 살 터울의 남매는 틀림없이 구분된다 그러나 프레디는 주이에게 말한다 난 정말 그런 사랑이 있었으면 좋겠어
 주이가 프레디에게 말한다 그런 사랑을 해보자

 둘은 일주일 동안 그런 사랑을 연기한다 그러나 그런 사랑은 할 수 없다 우리가 일란성 쌍둥이라면 그런 사랑을 할 수 있을까 그래도 연극을 일주일 동안 하다니 기록적인 일이다

 기숙학교

기숙학교는 두 사람을 갈라놓는다
자퇴

휴학

자퇴와 휴학은 두 사람을 다시 집으로 불러들인다 집은 두 사람을 다시 두 사람으로 만든다 끝난 연극을 다시 하는 두 사람 어떤 소설에도 그런 두 사람은 등장하지 않는다 끝난 연극은 끝난 연극이다 끝난 연극은 끝난 연극이다 그러나 옛날에 했던 연극 있잖아? 주이가 그렇게 말하고 프레디가 고개를 끄덕이는 날

그들은 결혼한다 어떤 사랑하는 마음으로 그런 사랑하는 마음을 잊지 않은 채
윤정식과 백은선을 축하한다

무엇이 사랑할 수 있을까

유리쇼

여기에 당신이 생긴다 당신의 주위에 관객들이 생긴다 당신과 관객들에게 많은 돈이 생긴다 당신과 관객들의 전면에 무대가 생긴다 무대에 할아버지가 생긴다 할아버지에게 미국이라는 국적이 생긴다 색유리가 생기고 파이프가 생기고 커터가 생긴다 할아버지에게 유리로 예술품을 만드는 기술이 생긴다 장인정신이 생긴다 배경음악이 생긴다 할아버지에게서 유리 예술품이 생긴다 당신과 관객들로부터 박수가 생긴다 당신과 관객들에게 다음과 같은 문장들이 생긴다 저 할아버지는 그 자리에서 바로 일어나는 감흥 또는 기분으로 예술을 한다 저 할아버지는 장인이다 장인에게 당신과 관객들의 돈이 생긴다 당신과 관객들에게 장인에게서 생긴 유리 예술품이 생긴다

유리쇼

무대 위에 누군가 생긴다 다음과 같은 문장이 진행자에게

서 생겨서 스피커를 통해 장내에 생긴다 외계에서 온 유리 장인입니다 그에게서 즉흥적으로 화려한 화병이 생긴다 완전히 똑같은 화병이 다시 생긴다 다시 생긴다 다시 생긴다 즉흥적으로 만든 화병을 완전히 복사하는 기술은 공장의 로봇에게도 불가능한 일이라는 미국 장인의 경악이 생긴다 경악에게서 보증이 생긴다 외계에서 온 유리 장인이라는 자에게 당신과 관객들의 돈이 생긴다 완전히 똑같고 화려한 화병들에게 세상에 하나만 있는 화병보다 높은 가치가 생긴다 세월이 생긴다 외계에서 온 유리 장인이라는 자에게 돈이 많이 생긴다 한 남자에게 외계에서 온 유리 장인이 외계생명체가 만든 로봇이라는 정보가 생긴다 제보자가 생긴다 당신과 관객들에게 배신감이 생긴다 과일 상인에게 당신과 관객들의 돈이 생긴다 당신과 관객들에게 과일들이 생긴다 야유가 생긴다 과일들에게 속력이 생긴다 외계생명체가 만든 로봇에게서 생기고 있는 유리식물들에게 파손이 생긴다

유리쇼

 당신과 관객들에게 다음과 같은 문장들이 생긴다 외계생명체가 생겼다 외계생명체에게 엔지니어라는 직업이 생겼다 엔지니어에게 실험 계획이 생겼다 외계생명체에게서 로봇이 생겼다 로봇에게 유리라는 모델명이 생겼다 자신의 주인에게 기쁨을 주기 위해서만 행동하라는 명령이 유리의 회로에 생겼다 어떤 생명체가 생겼다 그에게 주인이라는 역할이 생겼다 주인에게 죽음이라는 관념이 생겼다 어떻게 하면 기쁘냐는 물음이 유리에게서 수없이 생겼다 주인의 죽음에 대한 두려움이 유리에게 생겼다 무엇이 죽음이냐는 질문이 유리에게 생겼다 자신이 소멸하면 더 이상 주인을 기쁘게 할 수 없다는 판단이 유리에게 생겼다 소멸에 대한 두려움이 우주에서 처음으로 기계에게 생겼다 주인에게 불치병이 생겼다 유리를 만든 엔지니어에게 다음과 같은 문장들이 생겼다 유리가 불쌍하다 주인을 변경하자 질문이 생겼다 주인을 사물로 변경하면 어떻게 될까 모래, 탄산소다, 석회암을 적절한 비율로

섞은 후 높은 온도에서 녹였다가 급속 냉각하면 나오는 물질을 기쁘게 하기 위해서만 행동하라는 명령이 유리의 회로에 생겼다 유리에게 질문이 생겼다 왜 하던 대로 하는데도 기뻐하지 않지 유리에게 쇼가 생겼다 이제 당신과 관객들에게 유리가 왜 저러는지 이해할 수 있는 가능성이 생겼다 엔지니어에게 다음과 같은 문장이 생긴다 과일이 유리를 깨뜨렸기 때문이다

기계문과있었다

1

 사촌누나와 엠디를 열면서 놀고 있다 엠디는 머신도어다 열려라 허윤희 참깨를 말해도 열린다 여기 사람들은 이 엠디가 열려라 참깨라는 문장을 말해야 열리는 줄 알지만 아니다 만약 열려라 참깨라고 말해서 열린다면 열려라 참깨는 더 이상 문장이 아니고 열려라참깨다 이 엠디 속에는 알리바바의 형이 도둑들에게 살해당해 누워 있다 그렇지만 도둑들이 기름을 뒤집어쓰고 죽었기 때문에 이제 여기는 노는 곳이다 할머니 때문에 사촌누나 집에 오면 여기에 온다 한 명을 가둔다 암호를 설정한다 가둔 사람이 쪽지에 암호를 적어 문틈으로 전달하면 갇힌 사람은 암호를 읽어야 한다

2

 사촌누나와엠디를열면서놀고있다엠디는머신도어다열려라허윤희참깨를말해도열린다여기사람들은이엠디가열려라참깨라는문장을말해야열리는줄알지만아니다만약열려라참깨라고

말해서열린다면열려라참깨는더이상문장이아니고열려라참깨
다이엠디속에는알리바바의형이도둑들에게살해당해누워있다
그렇지만도둑들이기름을뒤집어쓰고죽었기때문에이제여기는
노는곳이다할머니때문에사촌누나집에오면여기에온다한명을
가둔다암호를설정한다가둔사람이쪽지에암호를적어문틈으로
전달하면갇힌사람은암호를읽어야한다

3

나는 2를 읽었다 문이 열렸다 어쩌다이런일만남았을까를 읽었다 문이 열렸다 문 속으로 걸었다 이일이좋은가를 읽었다 문 밖으로 걸었다 기계문과 사촌누나와 있었다 기계문과 그 애와 있었다 기계문과 그 애가 있었다 기계문과 친구가 있었다 기계문과 동생이 있었다 기계문과 누나가 있었다 기계문과 동료가 있었다 기계문과 누나가 있었다 기계문과 그녀가 있었다 기계문과 미래의 딸아이가 있었다 기계문은 암호들을 잃어버리지 않았다 오늘 그것들을 다 읽어보았다 나는 기계문과 있었다

산문

사이비 종교(3)

 인공지능을 가진 로봇이 종교를 믿을 수 있을까? 인간은 죽음을 두려워하기 때문에 종교를 믿거나 신화를 창작하는 데 적격이다. 로봇은 죽음을 두려워하는가? 죽음을 두려워하는 기계를 만들기 위해서는 어떻게 해야 하는가? 인간이라는 종은 자기 자신의 죽음뿐만이 아니라 특정 대상의 죽음, 어떤 종이나 집단의 죽음 또한 두려워한다. 여기에는 수많은 이유가 있을 것이다.

 최근 스티븐 스필버그의 영화 〈A.I.〉를 봤다. 이 영화에서 인간은 로봇에게 사랑을 가르치려고 한다. 그러나 사랑이라는 관념을 가르치는 것이 가능한지 알 수 없었기에, 사랑이란 게 과연 무엇인지 설명할 수 없었기에, 로봇이 특정 인간을 소중하게 생각할 수 있도록 프로그래밍하는 것이 최선이었다. 그런데 흥미롭게도, 한 인간을 소중하게 생각하게 된 로봇은 그 인간의 죽음을 두려워하게 된다. 로봇의 존재 이유가 그 인간과 함께 시간을 보내는 것이 된 순간, 로봇은 자신의 소멸 역시 두려워하게 된다. 여기서 우리는 인간이 두려워하는 죽음과 로봇이 두려워하는 소멸, 인간의 사랑과 로봇의 충직함이 과연 같은 것인지 확신할 수 없을 것이다.

그러나 매우 흡사하다는 것은 사실이다. 〈A.I.〉의 로봇은 자신이 소중하게 생각하는 인간과 함께하면서 자신의 필요성을 검증받기 위해 인간이 되고자 한다. 로봇은 피노키오 동화에 등장하는 푸른 요정이 나무 인형 피노키오를 인간으로 만들어줬다는 얘기를 진심으로 믿기 시작한다. 그건 동화일 뿐이라고 아무리 설명해도 로봇은 이미 피노키오를 신화로 받아들이고 있다. 그는 소중한 사람, 소멸, 시간을 이해하기 위해 신화를 받아들이며 푸른요정을 만나겠다는 열망으로 동화를 분석한다. 이쯤 되면 각종 신화의 서사 구조를 파악해 짜깁기 서사를 끊임없이 생산하는 할리우드의 각본가가 더 로봇처럼 보인다.

우리는 곧잘 인간만이 동족의 죽음을 능동적으로 애도한다고 판단한다. 우리는 야생동물들, 예컨대 들개들이 동족의 시체를 무관심하게 바라보거나 뜯어 먹기도 하는 것을 알고 있다. 그러나 주인을 잃은 개가 매일 주인의 묘지 앞으로 찾아가는 일은 어째서 벌어지는가? 로드킬을 당한 동료를 기억하며 지나가는 트럭만 보면 짖어대는 개의 심정은 무엇인가? 문화 이론가 테리 이글턴은 『신을 옹호하다』에서 인간이 이성으로 무장해 종교와 신화를 몰아내야만 더 많은 자유를 쟁취할 수 있다는 무신론자들의 전망이 오히려 신화적일 수 있다고 본다. 권위는 사라지는 것이 아니라 이동하는 것이다. 이성은 종교의 권위를 소거한 것이 아니라 다른 곳으로 이동시켰을 뿐이다. 어린아이들의 동심을 순진한 것으로 평가절하 하면서 정작 우리들은 민주주의, 진보와 보수, 신자유주의라는 신화 속에서 너무나도 많은 것을 외면하고 있지 않은가?

이 시대의 민중이 혁명할 힘, 계속할 힘을 잃어버린 이유를 이성의 마비에서만 찾으려고 한다면 이는 오만하기 짝이 없는 판단일 것이다. 필자는, 본지 313호 사설에서 밝혔던 것처럼 "여러분이 각자의 사이비 종교를 만들었으면 좋겠다. 대신 여러분의 사이비 성경의 맨 앞에, 맨 끝에, 중간에, 수시로 이 종교는 사이비 종교라는 문구가 적혀 있었으면" 한다. 필자는 시편과 전언들로 가득 차 있는 성경, 경전, 미신이 합리적인 이성이나 과학보다 더 뛰어나다고 주장하려는 것이 아니다. 나는 사랑이 무엇인지 영원히 알 수 없을 것이지만 그렇기 때문에 내가 계속 그것을 알고자 했으면 좋겠다. 나는 죽음이 무엇인지 알 수 없을 것이지만 그렇기 때문에 그것을 계속해서 무서워했으면 좋겠다. 나는 내가 그것을 이해하려고 발버둥 쳤으면 좋겠다.

플라톤은 소피스트들을 비판하며 수사학이 궤변, 자기주장을 아주 잠깐 관철시키기 위한 것으로 보았다.

다시 분량이 끝났다. 다시 3주 후에 뵙겠다.

2015년 1월 9일에 광화문에서 시인들과 내가 했던 말

 시인으로서의 고민을 말하라고 하는 건 어불성설이라고 생각해요. 어떤 직업이나 신분 때문에 괴롭다는 말은 다른 걸 하면 괜찮을 거라는 건데, 세상에 자기 직업 때문에 괴로운 사람 얼마나 많은가요? 물론 과거에는 시인만의 고통이 있다고 생각했죠. 뭔가 조금 더 낭만적이고, 가난과 사랑과 연민과 시마와 창작의 고통…… 그런 슬픔은 시인에게 당연한 것이고 시인이라서 얻을 수 있는 것이라고 생각해서 동경하기도 했죠. 그런데 이런 고통이 존재했던 시대가 정말 역사 속에 있었나? 정말 사회적 고통보다 더 고귀한 고통이 존재했던가. 만약 그렇다면 참 대단하다는 생각이 들고. 제가 느끼는 고통의 대부분은 사회적 고통입니다. 그건 시인이어서 느낄 수 있는 게 아닙니다.

 저는 오히려 시를 쓰면서는 고통을 받지 않으려고 합니다. 시를 쓸 때는 슬프지도 않아요. 다 쓰고 나서도 슬프지 않습니다. 나중에 내가 그런 시를 썼던가 싶을 때 읽으면 슬픕니다. 여러 의미에서 고통스럽기도 하고. 시를 쓰며 고통받지 않기 위해서는 시 쓰는 일을 직업으로 생각하지 않고 돈 버는 거, 유명해지는 거, 수지

타산과 떨어뜨려 생각하려고 애쓰고 있습니다. 예전에 누가 이렇게 말했으면 분노했겠지만, 시 쓰는 것을 취미의 수준으로 생각하려고 노력하기도 해요. 시 써서 돈 벌 수 있는 세상이 아닌데 어떻게든 문단에 비비고, 국가에 비비면서 살아갈 필요가 있나 싶고요. 그래도 할 줄 아는 게 그럴싸한 거 창작하는 일이니까⋯⋯. 시는 시대로 쓰고 돈 버는 일은 돈 버는 일대로 하겠다고 결심하며 살고 있습니다. 지금은 그렇습니다.

사실 저는 대학원에서 문화연구를 할 때 신문사에서 장학금을 받고 다녀서 돈은 쓰지 않았는데요. 대학 사회가 개판이 되고 있다는 걸 여실히 느끼게 됐습니다. 기업 학교가 순수학문 다 때려잡는 시대에, 반평생을 예술 창작 배우는 학교 다니다가 별안간 순수학문 하겠다고 대학원엘 갔네요. 내 진로나 사회생활 같은 거 신경 쓰지 않고 뭔가를 선택해보고 싶었어요. 이번에 수료를 했는데 미래가 무척 어둡고 캄캄하네요. 그래도 학교에 있으면 과제 같은 거 좀 빼먹고 그래도 약간 똑똑해지는 것 같더군요. 전 사업가예요. 말만 사업가지 아무것도 안 합니다. 그냥 내 시간을 너무 많이 뺏는 직업은 갖기 싫었어요. 기존 문화 산업에 대한 불만도 있고, 아무것도 할 줄도 모르면서 불만만 너무 많아가지고 어린 애들이 늘상 그렇게 하듯이 새로운 판을 짜보고 싶었습니다. 문학이 상품성을 가지지 못하고 연줄이 모든 것을 흔들고 있는 사회를 바꿔보자

이런 마음가짐으로 시작했고요. 그런 마음가짐으로 시작했으니 뭘 구체적으로 할 수가 있겠습니까?

20대 후반 친구들 가만히 보면 다들 자기 할 일 바쁘고, 자존심은 높아져서 서로 흩어지기만 하잖아요. 사회 초년생일 때는 사회생활이 이 세상의 모든 것인 양 굴죠. 과연 그게 모든 것일까. 정말 그럴까? 인정할 수가 없고. 그래서 내가 좋아하는 친구들을 위해 돈 많이 벌어서 회사라는 이름의 텅 빈 공간에 격리하고 싶었던 것 같습니다. 근데 회사에서 하려던 게 죄다 줄줄이 망해서요. 저는 지금 파산 상태이고 카드값도 못 갚을 것 같습니다. 그래도 좋아요. 오히려 대차게 망하니까 마음도 편하고, 나 좋은 일만 하다가 군대나 가야겠다. 그런 생각 합니다. 누가 이 대담 보고 저한테 작은 아르바이트거리라도 주겠죠. 제발 주세요.

아니 난 행복해요. 죽고 싶기는 하지만 지루하지는 않아요. 세상에 할 게임도 많고요. 저도 8시에 일어나요. 저도 승언이 형처럼 비슷하게 살아요. 논문도 써야 하고 아무것도 안 하는 것 같지만 우리는 뭔가 해요. 아홉 명이 공동으로 쓰는 사무실 겸 작업실 설거지를 내가 해야 되고, 난로에 기름도 사 와야 하고, 청소도 해야 돼요. 그러고 나면 12시쯤 돼요. 규칙이 없는 삶보다는 규칙이 있는 삶이 최근엔 더 재밌어요. 그래서 학교 다니는 것도 조금 좋아했나 싶고요. 왜냐면 학교 가기 싫은 날에는 학교를 가지 않으니까 뭔가 더 내가 주도적으로 사는 것 같기도 했고. 자기 삶을 규정하지 않고 살아갈 수 없다고 생각합니다. 그런 자유는 없고, 자유라는 단어도 그런 식으로 사고되어서는 안 되고요. 그래서 저는 일주일에 한 번이나 두 번은 평양냉면을 먹어요. 돈이 없어도요. 그게 제 규칙이에요. 그래요. 그게 규칙이에요. 그게 박성준 시인이에요. 박성준 시인을 생각하면 참치 회밖에 생각나지 않아요. 황인찬 시인이 박성준 생각하면 참치가 떠오른다고 했던 것 같습니다.

저는 제가 안 불쌍하다니까요. 군대 빼고는 다 괜찮아요. 시 쓰는 일도 비슷한 거라고 봐요. 저는 그냥 나를 시 쓰는 사람이라고 규정하고 있는 거죠. 자연스럽게 그렇게 된 것도 아니에요. 얼마나 많은 중2병과 얼마나 많은 예술병과 얼마나 많은 대책 없음이 나한테 시를 써라, 시인이 되어라, 시집을 내면 좋을 것이다 부추겼던지 몰라요. 이제 그런 거짓 숙명이 존재한다고 생각하지 않아요. 저에게 시는 사이비 종교와 같습니다. 저는 시를 믿지 않지만 다른 어떤 것들보다는 시를 믿어요. 그렇게 믿을 수 있을 때까지 믿어보기로 저는 저와 약속했습니다. 그게 저와 시의 협약이고, 제 삶의 규칙입니다.

사람들이 정치적 체념에 빠졌다고 말하는 게 얼마나 쉬운가요. 저는 벤야민의 수집가 개념을 매우 좋아하는데요. 기억과 흔적을 발굴하고 그것을 자의적으로 묶어 알레고리로, 새로운 역사로, 성

좌로 재탄생시키는 일을 좋아합니다. 그런데 현대사회에도 벤야민이 낙관했던 수집가가 존재할 수 있을까? 그런 질문을 많이 합니다. 세월호 사건에 있어서도, 애도가 수반되지 않은 수집과 알레고리 만들기 행위는 실상 새로움을 위한 새로움만을 만들어내지는 않을까. 저는 논객들이 세월호에 대해 떠들면서 자기 자신의 판단이 얼마나 대단한지 심취하는 꼴을 종종 봅니다. 너무 괴로워요. 어떻게 이들은 이렇게 쉬울까? 세월호에 대해서 내가 지금 당장 무엇을 수집할 수 있을까? 판단이 서지 않습니다. 언론, 거리, 법을 통해 세월호는 이 사회에 엄청나게 많은 파편들을 뿌리게 되었습니다. 그럼에도 제가 지금 자의적으로 구성할 수 있는 것이 하나도 없어요. 남들이 다 하는 말 그대로 옮겨 적는 건 쉽죠. 당연한 말이지만, 내가 솔직하게 내 생각을 밝힌다고 그게 정말 내 생각인 것도 아니잖아요. 사후 판단이 되지 않은 상태에서 그걸 지금 시로 쓸 수는 없는 겁니다. 저는 그들의 고통을 이해할 수 없어요. 분명히 나중에도 이해할 수 없을 거예요. 하지만 그렇다고 해서 지금 당장, 무슨 W.G. 제발트라도 된 양, 제대로 애도가 되지 않아! 떠들고 싶지도 않아요. 정치적 체념으로 얼마나 세상이 공허한지도 잘 알겠습니다. 하지만 저도 여기 이 공간에 살고 있습니다. 너무나도 충분히 큰 영향을 받고 살고 있습니다. 그 속에서 시를 쓰고 있고요. 방금 전에 아직 나는 세월호에 대한 시를 쓸 수 없다고 밝

혔지만 지금 내가 쓰고 있는 시들이 정말 그 사건과 관련이 없는 것일까 물어보면 어떻게 대답해야 할까요. 다만, 세월호 사건을 너무 성급하게 상징으로 치환하고 싶지도 않습니다. 저는 상징이 싫습니다. 그런 맥락에서, 어째서 세월호 피해자들을 세월호 희생자라고 부르는가요? 피해자 아닌가요?

시 쓰는 사람들에게 너네 시가 왜 그렇니? 정신 좀 차리고 살아라. 그렇게 말하는 것도 정상은 아니라고 생각합니다. 내가 정신 차리고 사는지 아닌지 어떻게 알까? 내 전집을 읽어보신 것도 아니고. 문학을 언론하고 똑같이 보면 안 되죠. 새로운 사건 터지면 즉각 보도하는 것하고는 다르죠. 새로움 또 새로움. 이런 것만 추구하면 안 되죠. 최근에 시인들 시 보면서 요즘 너무 힘들어요. 오로지 새로운 뭔가를 쓰려고만 하는 것 같습니다. 물론 저도 그렇게 당당하진 않아요. 문예지가 집에 오면 펼쳐봅니다. 불면 다 날아갈 것 같습니다. 괴롭습니다.

많은 사람들이 파괴하는 힘과 윤리를 엮어서 설명하곤 하는데요. 저는 과거에 박상수 평론가가 『시와반시』에 발표한 「무한(無限)의 주인 - 신형철의 '윤리 비평'과 2천년대 "뉴웨이브"를 둘러싼 외설적 보충물에 관하여」라는 글을 매우 좋아했습니다. 제 마음을 다 대변하는 것처럼 느껴졌고요. 현대 시인들의 시가 무한히 팽창하고 싶어 하는 자아의 외설적 욕구일 수도 있는데, 그걸 죄다 주체의 윤리라고 이름 붙이는 것이 과연 옳은 일인가? 이런 얘기였는데요. 갈증이 해소되는 것처럼 느껴졌어요. 파괴를 위한 파괴는 앞서 말한 것처럼 새로움을 위한 새로움, 상품을 위한 상품일 수 있습니다. 그저 그것들에 불과하다고는 말하지 않겠습니다. 그것들보다 더 나은 무언가가 있다는 말을 하는 것 같아서 그렇습니다. 하지만 그것들에 윤리를 붙여서 판매할 수 있던 시기는 지났습니다. 그래서 새로운 시들의 새로움은 더 이상 상품성을 가지지 못하게 되었습니다. 단순히 신화이고 폭력이라고 말하고 싶지는 않습니다. 아까 언급했듯이 그냥 상품에 불과한 것 아닌가요? 이제 시라는 상품은 다시 가치가 없는 상품이 된 것이고요. 그렇다고 뭐 짜다시리 미래파 시절에 시집들이 그렇게 많이 팔린 것도 아니죠.

담론 생성을 비평가가 한다고 그게 비평가의 농간이었다, 시에다가 어쭙잖은 윤리 붙여가며 외판원처럼 시 판매하고 다녔다, 그렇게 말하고 싶은 건 아닙니다. 왜냐면 담론의 최대 수혜자는 시인들이 아니라 평론가와 결탁해 자신들이 이렇게 사회나 문학에 관심이 많다는 사실을 섹시하게 어필할 수 있었던 거대 출판사들이며, 사실상 출판사들이 문학을 돈 벌려고 출판하지도 않죠. 근데 젊은 시인 중년 시인 가릴 것 없이 시집 내는 데 그렇게들 목을 매고 다니니 거대 출판사가 갑이 됩니다. 시인들은 자기가 노예라는 것도 모르고 희희낙락이고. 전 세대들이 저보고 '너는 너무 쉽게 가져갔다'고 하면 저는 이렇게 말씀드리고 싶네요. '그거 다시 줄게. 나 이거 가져가서 손해가 이만저만이 아니야. 너나 다 가져라. 교수도 하고 다 해라. 내가 가지고 싶은 건 그딴 게 아니야. 내가 가지고 싶은 건 훨씬 더 멋진 거고 비싼 거야.' 이렇게 말해주고 싶네요. 저는 시 쓰려고 앉을 때마다 세상을 바꿔야지 결심합니다. 근데 한낱 김승일이 어떻게 세상을 바꾸겠어요? 그래도 빛나는 아이디어로 담론에 맥을 이어야지. 그딴 생각 버리려고 저렇게 터무니없는 결심 많이 많이 합니다. 책상에 앉을 때마다. 세상을 바꿔야지...... 박성준 시인은 평론가니까 담론의 맥을 잘 이어주셔야 하겠지만.

성급하게 세대론이 나온 이유는 그 전 세대에 세대론으로 재미를 좀 봤기 때문이라고 생각합니다. 근데 문학만 세대론으로 재미를 봤나요? 여기저기서 세대론 장사가 잘됐으니까 문학도 세대론 장사 다시 해보려고 했던 거죠. 근데 어때요? 장사가 잘되는 것도 아니야, 파토스도 줄어들었어, 수사력도 떨어지지, 솔직히 얘네 시 읽었을 때보다 미래파 시 읽었을 때가 좋았다는 거죠. 님들께 꼭 해주고 싶은 말이 있어요. 세상 속도 따라가면서 장사 좀 해보려다가 자기들이 말려놓고 왜 저희들 탓을 합니까? 저는 여러분이 순수문학으로 세상 속도 따라가려고 했다는 게 믿을 수가 없군요. 순수문학으로 장사 하시려면 머리를 많이 쓰셔야 합니다. 토렌트도 있고 시인광장도 있는데 누가 시집을 삽니까?

첫 시집 내고 마음에 화가 너무 많았습니다. 말도 참 많이 하고요. 오늘도 참 많이 한 것 같은데요. 근데 이제 호들갑 떨지 말아야겠다는 생각 많이 합니다. 그러니까 마음이 참 편해요. 오늘 우리도 이런저런 얘기를 많이 했지만요. 우리가 이렇게 얘기를 할 수 있다는 게, 이미 많은 사람들이 이런 생각을 공유하고 있기 때문이라는 생각을 해요. 나만 안다고 생각하면 외롭다고 봅니다. 갓 등단한 시인들에게 꼭 해주고 싶은 말이 있습니다. 제가 아직 데뷔한 지 6년이나 됐는데요. 그렇게 용쓰셔도 여러분의 시나 시인으로서의 여러분의 상품가치는 문화 산업 안에서만 보더라도 굉장히 저질입니다. 그러니까 시를 쓸 때는 자기 시를 시장가치로 따지지 않았으면 좋겠습니다. 스트레스만 받습니다. 유명해지고 싶다. 관심 받았으면 좋겠다. 유명한 사람이랑 술이라도 한잔 더 마셔야겠다. 그러다가 공허한 인생이 펼쳐지고, 성격 더러워지면 고치기 어렵습니다. 원래 그게 당신 성격이기 때문입니다.

깜냥은 믿지 않겠습니다. 될 놈은 깜냥 같은 거 알아서 잘 쌓더군요. 저는 아직 제가 될 놈이라고 생각하면서 살겠습니다. 벌써 좀 아닌 것 같지만. 그래도 믿음 소망 사랑 중에 제일은 믿음이라.

실비아는 사루비아다

나는 고등학생이었다. 나는 남자가 싫었다. 테드 휴즈가 싫었다. 나는 실비아 플라스가 좋았다. 제니퍼 애니스턴이 좋았다. 니콜 키드먼이 좋았다. 나는 이혼한 남자들이 싫었다. 이혼한 여자들은 피해자 같았다. 나는 너무 많이 어렸다. 내가 나이가 들고 나서도 마찬가지였다. 나는 남자들이 싫었다. 바람을 피운 사람들이 싫었다. 나는 가발을 쓰고 안양 일번가를 돌아다녔다. 나는 엄마를 부쩍 닮아가고 있었다. 나는 꽤 여자처럼 보였다. 행인들이 속삭였다. 여자지? 여자야. 나는 여자가 되고 싶었던 것 같다. 아직도 나는 남자가 싫다. 나는 내가 싫다. 나는 뭐든지 규정하려 한다. 나는 뭐든지 이해하려 한다. 바로 이런 식으로, 나는 여자와 남자를 규정했다. 나는 결혼을 규정했고, 연애를 규정했고, 사랑을 규정했다. 규정하는 것이 나의 직업이었다. 시 쓰기를 통해 어떤 깨달음을 얻고 영원히 이를 내 마음속에 규정해 새겨놓는 것이 시인 지망생으로서 내가 하고자 했던 모든 것이었다.

『생일편지』는 오븐에 머리를 넣고 자살한 시인 실비아 플라스에게 남편이었던 테드 휴즈가 보내는 편지글 형식의 시집이다. 실비아가 돌아가신 아버지에 대한 트라우마와 걷잡을 수 없는 히스테리 속에서 고통받을 때, 테드 휴즈는 옆집 부인이랑 바람을 피웠고 집에 돌아오지 않았다. 뒤이어 실비아가 자살했으며, 페미니스트들을 비롯한 많은 대중들이 그를 비난했다. 그러나 테드 휴즈는 35년 동안 침묵했다. 그렇게 35년이 흐르고, 돌연 이 시집을 발간한다. 그는 곧바로 짧은 시집 한 권을 더 발간한 다음 몇 개월 있다가 사망했다. 『생일편지』에 마지막으로 수록된 시는 「붉은색」이다. 실비아 플라스는 생전에 붉은색처럼 강렬한 색을 좋아했는데, 테드 휴즈가 보기에 실비아에게 도움이 되는 색은 빨간색이 아니라 하얀색이나 푸른색이었다는 것이다. 붉은색이 실비아 당신을 미치게 하고, 지치게 했기 때문이란다. 테드 휴즈 정말 대단하시다. 35년 동안 침묵하고, 이제야 자기 옛날 아내한테 편지로 뭘 써서 보내는데, 시집의 상당 부분에서 나는 너를 도대체 이해 못 하겠다고 고백하질 않나, 마지막 시편에서까지 "내 생각엔 빨간색이 아니라 푸른색이라고!" 주장하질 않나. 그러나 이 꼰대 같은 시를 읽고 난 뒤로부터, 나는 이 사람을 잊을 수 없게 됐다. 하루에도 몇 번씩이나 테드 휴즈를 생각하게 되었다.

편지로 시를 쓴다는 것은 어떤 일일까? 객관의 시대. 과학의 시대. '나'라는 표현을 꺼리고, 저자의 권위를 기만적인 것으로 파악하는 이 시대에도, 편지는 나를 '나'라고 과감히 지칭하며 '너'라는 사람에게 말을 거는 형식이다. 다시 말해, 나라고 부를 만한 것이 없으며 주체성을 섣불리 주장하는 것이 타자에 대한 폭력이라는 사실이 자명해진 이 시대에도 편지는 '가장 나'라고 할 만한 것을 통해 너를 규정한다. 그리고 사랑은 폭력에서 시작한다. 나는 어떤 사람들의 시를 생각한다. 모든 것을 규정하면서, 모든 것을 자신과 동일시하면서, 그러나 이해할 수 없어서. 스스로를 이해할 수 없어서 눈물을 흘리는 사람을 생각한다. 나는 아직도 당신들이 싫다. 인간이란 족속들을 무슨 수로 좋아할 수 있단 말인가? 나는 인간이다. 너에게 어울리던 색은 빨간색도 파란색도 아니었다. 무슨 색이 어울리든 나와는 상관없는 일이었다. 정말 그랬나? 아아 모르겠다. 나는 편지를 쓰겠다. 이 고통만이 정말로 인간다운 것인가? 아닐 것이다. 아니게 만들 것이다. 아직이다.

대회 만들기 대회 개최식 축사

2015년 제1회 대회 만들기 대회 개최식에서 축사를 해주기로 했다. 내일이 개최식이다. 다음 글은 내가 준비한 연설문이다. 보고 나서 느낌이 어떤지 말해주면 좋겠다.

축사에 앞서 제 소개를 먼저 간단하게 하겠습니다. 저는 이 대회를 고안한 사람입니다. (사람들이 박수를 치면 손을 쳐들고 저 멀리를 잠시 바라봄.) 2014년 12월에 『바자 코리아』라는 잡지에서 원고 청탁이 왔습니다. 2015년에 생길 것 같은 대회를 예상해서 위트가 가미된 팩션으로 써달라는 부탁이었습니다. 물론 저는 위트가 가미된 팩션을 싫어합니다. 저는 대학에서 순수문학을 전공하고 문단에 정식으로 데뷔한 시인이기 때문에 고급문학과는 아무런 상관도 없는 그런 천박하고 저열한 글은 쓰지 않습니다. 그래서 청탁을 거절했습니다. (사람들이 박수를 치면 손 쳐들고 왕이 백성들에게 하듯이 고개를 끄덕여준다.)

원고 청탁은 거절했지만, 2015년이 되면 이상한 대회들이 많이 생길 것 같다는 『바자 코리아』의 예상은 꽤 그럴듯해 보였습니다. 지난해 가을, 서울에서 '멍 때리기 대회'가 열린 것을 다들 기억하실 겁니다. 한양대 근처에서는 '큰소리 지르기 대회'가 열리기도 했습니다. 시민들의 힐링을 위해 그런 대회를 열었다고 합니다. 저는 힐링을 세상에서 제일 싫어합니다. 정확히 말하면 힐링이라면 사족을 못 쓰는 멍청한 사람들을 혐오합니다. 직장에서, 학교에서, 부모님 집에서 하루 종일 죽고 싶어, 죽고 싶다, 삶이란 무엇일까? 철학적인 질문을 던지던 사람들이 밤만 되면 「힐링캠프」니 「미생」이니 '사쿠야 유아'를 보면서 자기 자신을 위로하고 있습니다. 웃고, 연성하고, 행복한 상상을 하면서 내일의 지옥을 준비합니다. 그래도 여러분 같은 노예들을 위해서 얼마나 많은 대회들이 열릴까? 참가비 오천 원씩 받고, 천 명만 참가해도 그게 얼마냐? 계산에 계산을 해보았습니다.

그리고 비로소 결심이 섰습니다. 대회를 열어야겠다. 그것도 엄청나게 많이 열어야겠다. 그런데 막상 무슨 대회를 열어야 할까 궁리해도 그저 그런 것밖에 생각나지 않았습니다. 그래서 대회 만들기 대회를 열게 된 것입니다. 29년간 돈을 벌기 위해서라면 무슨 일이든 했습니다. 그러나 아이디어가 잘 떠오르지 않아 항상 좌절하곤 했죠. 이제 여러분은 저희 대회 안에서 여러분의 대회를 개최할 것입니다. 여러분의 대회들이 저희들의 대회입니다! 여러분이 이 대회의 취지를 어떻게 생각하셨는지 모르겠습니다. 하지만 확실한 건 여러분이 개최하실 수많은 대회들의 아름다운 취지들이 저희의 돈벌이에 이용될 것이란 점입니다. 괜찮습니다. 대회 만들기 대회는 인류의 찬란히 빛나는 역사 속에서, 단 한 번이라도 열렸던 대회들의 개최는 금지하기로 하겠습니다. 물론 저희들은 그 금기를 깨고, 내년에도 대회 만들기 대회를 개최할 예정입니다. 하지만 여러분들은 이번 대회가 마지막 대회라는 심정으로 대회에 임해주시기 바랍니다. 마지막으로 덕담 한마디를 하면서 이 연설을 마치려고 합니다. 열심히 일하라, 사람들에게 친절하게 대하라. 그러면 놀라운 일이 벌어질 것이다. 오늘 본격적인 대회의 개최에 앞서, 저는 그 어느 때보다도 이 말을 믿습니다. 감사합니다.

백승욱 선생님 문화연구학과 김승일 학생입니다

　백승욱 선생님 안녕하세요 저는 이번에 현대사회학이론을 선수 과목으로 수강했던 문화연구학과 김승일이라고 합니다. 선생님, 제가 이번 학기 직장, 가정, 학교에서 악재가 겹쳐 도저히 아침 수업을 나갈 수가 없었습니다.

　불성실하게 듣는 것보다는 아예 수업을 포기하고 다음 학기에 충실하게 선수 과목을 수강하려고 했습니다. 그런데 이번에 대학원 4차 과정이 모두 끝나게 되어 선수 과목을 다시 들으려면 5차 학기를 등록해 250만 원을 추가로 납부해야 한다고 해서 망연자실하고 있습니다.

　기말고사 시험공부라도 열심히 해서 만회를 해보려 했는데, 시험이 목요일인 줄 알았다가 오늘이 시험날이었다는 것을 뒤늦게 알게 되었습니다. 모든 게 다 변명 같고 제가 너무 한심하게 느껴지지만, 250만 원을 다시 내고 수업을 들을 형편이 되지 않아 이렇게 메일을 보냅니다.

　다른 방법으로 시험을 대체할 수 있을지요. 추가 레포트를 제출해야 한다거나 시험을 보게 해주신다면 열심히 하겠습니다.

다시 한번 죄송하다는 말씀을 드리며, 메일 확인하시면 답장 꼭 부탁드려요…….

- 김승일 올림

14-12-16 (화) 18:20

일기

2014.11.12.

어제는 홍승진 씨가 수업에서 멋진 첫 문장을 썼다. 아이큐가 300이어야 한다. 사람들이 먼저 내게 다가와야 하기 때문이다. 이게 맞나. 어쨌든 이런 식으로 썼다. 신자무신론자신자의 구조를 가지고 시작한다. 저것 또한 한 단어다.

일어나서 시를 쓰다가 학교에 갔다가 돌아와서 우리는 세상의 수집품이다를 해야겠다. 집에도 한번 다녀와야 한다. 일단 이번 주말에 갔다가 오자. 돈이 없으니 돈을 벌 방법을 찾아야 한다. 박성준 커리큘럼을 업데이트해야 한다. 백은선 윤정식에 대한 시를 써야 한다. 연희에 들어가서 시를 써야지. 그러면 7시에 출발해야겠다. 그 전에는 자야겠다. 일단 스탠드를 구경하다가 자야겠다.

미니홈피 배경음악을 하나 사야겠다. 데이빗 파티를 어서 열어야겠다. 그러려면 일단 영화를 다운받아야지. 돈을 벌 수 있는 방법을 찾아야겠다. 누가 방법을 줬으면 좋겠다. 회사를 작업실로 굴리려고 해도 돈을 벌어야 가능하다.

이 아니다. 그러면 어쩌면 지금까지가 무척 솔직했던 것 같다. 나는 솔직한 사람이었던 것 같은데 점점 그렇게 되지가 않는다. 군대에 가서 행동 양식이 바뀌는 것처럼 이상하게 행동이 많이 바뀐 것 같이 느껴진다. 하지만 나는 아직도 태도라는 단어를 사용하고, 마지노선으로 생각하는 것 같다. 나는 그런 일은 하지 않는 사람이다. 나는 그런 사람으로 보이지 않을 것이다. 그렇게 각오를 너무 많이 하면서 살아왔던 것 같다. 그렇지만 그마저도 안 하면 살 이유가 없다. 나는 안락한 생활을 좋아하지 않는다. 나는 코무기가 메르엠에게 이렇게 행복해도 될지 모르겠다는 부분을 정말로 좋아하는 것 같다. 시를 쓰는 일은 행복한 일이었다. 하지만 이렇게 행복해도 될지 모르겠다고 말할 수는 없다. 그런 말을 하고 싶다. 나는 그런 말을 하고 싶다. 그런데 그럴 수 없을 것같이 느껴진다. 왜냐하면 행동이 계속 나빠지고 있기 때문이다. 모든 것을 귀찮게 느끼고 있다. 집중이 되지 않는다. 온갖 질투가 생기고 있다. 일기를 써야겠다.

왜냐면 일기는 내게 옛날의 것이기 때문이다. 시는 비교적 최근의 것이었다.

하지만 일기를 써도 나아질 것 같지는 않다. 그렇지만 만약에 서른을 넘긴다면 다시 읽어보아야지 싶은가. 그것도 번뇌다.

고 그러면서 너무 친절하게 나를 대했다. 나는 원래 서비스업 직종 사람들에게 과할 정도로 친절하게 굴게 되는데 오늘은 더 심하게 친절하게 했다. 내가 유리컵을 깬 것 때문에만 그런 것은 아니었다. 영혼이 없는 것 같았다. 이제 그래도 좀 살아봐서 그런지 뭔가 초탈한 기분이 들고, 사람들을 안심시키는 말을 할 때에도, 실제로 나쁜 일이 벌어지면 내가 스트레스를 많이 받을 것이라는 사실을 알고 있다. 예를 들면 나는 이제 여자친구가 헤어지자고 해도 헤어질 수 있고, 결혼하지 말자거나 애를 낳지 말자고 해도 그럴 수 있다. 그렇지만 아마 정말로 그때가 오면 그러기가 너무 힘들 것이다. 그렇지만 그런 일들은 벌어진다. 아마 사무실도 망할 것이다. 그래도 이제 나는 말과 행동이 옛날보다는 낙관적이다. 그런 일이 일어나도 할 수 없지. 그러니까 그런 일이 벌어지면 어떻게 하냐는 사람들에게 그런 일이 벌어져도 된다고. 나는 그런 일이 벌어져도 괜찮다고 그럴 수 있다. 그렇지만 전혀 괜찮지 않을 것이다. 그런데도 그냥 지금은 몸과 마음이 괜찮다고 그런다. 그건 어쩌면 귀찮아서 그런 것일지도 모르겠다. 아니면 지금 너무 많이 무서워하면 될 일도 안 되니까 그런지도. 하지만 될 일도, 될 일도, 일이 되어야 한다고 자꾸 강박적으로 생각하는 것은 멋이 없다. 내가 만약 직장을 다녔다면 아마 지금보다는 더 여유 있고, 무슨 일이든 무심하게 받아들이는 척을 더 잘했을 것이다. 하지만 나는 무심한 사람

2014.11.11.05:23

한계인 것 같다.

이제 정말로 일기를 써야겠다. 어제 사무실 난방에 쓰려고 등유를 사 오다가 석유통이 쓰러져서 자동차에 등유를 다 쏟았다. 그래서 클리닝을 했는데 돈이 많이 들어서 돈이 없어졌다. 요즘 돈을 거의 쓰지 않았기 때문에 다다음 달까지 괜찮을 것 같았는데 큰일이다. 잠을 많이 잤다. 폐에 기름이 찬 것 같아서 몸이 무거웠다. 최근 헌터×헌터를 다시 보았다. 북새통에 가서 만화책을 구경했다. 시와 만화는 다르지만, 만화에서 느껴지는 이상한 느낌은 내가 쓸 수 있는 이상한 느낌과는 다르지만 그래도 이상한 느낌이라는 것은 비슷하니까. 나는 게임이나 만화를 좋아하는 것 같다. 그래서 그런 것들을 많이 보면서 그런 것들을 만드는 사람처럼 시를 써야겠다고 생각했다. 나는 해결책을 찾기 위해 대화하는 사람이고 토가시 만화는 거진 다 그런 식이기 때문에 토가시 만화를 봤던 것이다. 그래도 시는 잘 써지지 않는다. 미용실에 머리를 자르러 갔다. 칸 영화제 공식 미용실이라고 했다. 머리가 눈을 가리면 잠이 더 많이 오는 것 같아서 머리를 잘랐다. 미용실에서 유리컵에 음료수를 담아서 줬는데 등유에 취해서 그랬는지 유리컵을 바닥에 떨어뜨려서 유리가 다 깨졌다. 너무 죄송하다고 계속 사과를 했는데 괜찮다

2014.11.06.04:42

죽음을 이해하려고 노력하는 기계들치고 죽음을 두려워하지 않는 사람들은 없을 것이다. 이해할 필요가 사실은 없다는 기존의 입장(기계로서의)이 이해가 시작되고 나서는 또한 공포다.

2014.11.06.09:09

시의 연역은 화자에 따라 달라진다. 수학의 도식도 화자에 따라 달라지는가.
만약 그렇다면이 아니라 그럴 수 있지. 그렇다면 둘의 가장 큰 차이는 무엇일까? 왜 어떤 사람은 멋진 시 회로를 만들지 못하는가?
서사 때문이다.
서사 회로는 무엇인가? 왜 생기는가?
이런 회로는 본 적이 없지만 이런 회로도 가능하다. 그것이 목적은 아닐 것이다. 사랑인가 발견인가 사랑의 발견인가.
아니면 허무의 발견인가. 아니다 허무는 근본적인 것이다.

2014.11.02.

김승일 시 써라.

아니면.

김승일 씻고 전화하면서 말리고 나가서 삼각김밥 먹고 시 조금 쓰다가 학교 갔다가 다시 와서 잠을 자고 재미공작소에 갔다가 와서 다시 글을 써라. 그리고 난로를 살 수 있으면 사라. 그리고 책을 읽어라 틈틈이. 발톱도 깎아라.

2014.11.16.

뭘 그렇게 표현해야 하나. 뭘 그렇게 적어두고 기억해야 하나. 뭘 그렇게 추억으로 만들어야 하나. 그러한 푸념들이 모여 추억 모음이 된다. 추억 모음이란 긍정적인 것이거나 소중한 것이 아니다. 그런 판단을 제거해야 추억 모음은 추억 모음이다.
추억 모음에 대한 글을 쓰면 너무 하던 것을 하게 되는 것 같다.
그러면 무엇을 쓰지.
어제는 하루 종일 잤다. 정말로 하루 종일 잤다. 시를 생각했다.
8월의 크리스마스 OST를 들었다. 나는 그 영화를 본 적이 없다. 그래서 다운을 받았다. 500원이었다. 지금 틀었다. 그렇지만 볼 마음은 잘 생기지 않는다.
추억, 죽음, 기도, 햄릿, 영원 등등의 키워드를 생각했다. 가족도 생각하고. 돌아가 한 번씩 다시 죽는 것도 생각했지만 글자로 쓰면 느낌이 죽는다. 느낌 같은 것은 별로 중요하지 않다. 생각이 얼마나 병들었는가. 그것을 보여줄 수 있다. 그런 일은 쓸모없다.

시 쓰지 말자.

2014.11.18.

여덟 시에 일어나고 학교 갔다가 배베에서 낮잠을 자고 통장 정리를 하다가 재미를 가고 배베에서 강의랑 행사 준비하다가 수요일 새벽에 집에 가는데 손택 책도 사야 되네 그럼 학교에서 배베 가기 전에 사거나 재미 가면서 사자 잘 자자.

2014.11.20.

정말로 책을 많이 내야겠다.

늘 수업에서 아우라의 파괴가 기술복제 때문에 일어난다는 것을, 기술을 복제하면서 원본과 복제품의 차이가 사라지고 때문에 아우라가 파괴되는 현상을 신수진 선생님이 설명했는데 교수님이 그걸 어디서 본 거냐고 화를 냈다. 그래서 내일은 기술복제시대 책을 읽을 것이다. 내 생각엔 교수님이 틀린 것 같다.

배드베드북스는 망한 것 같다. 그래도 괜찮다. 이제는 많은 사람들과 뭔가를 같이 하지 않아야지. 내가 하는 일을 좋아하는 사람과 그 사람이 하는 일이 좋아야만 뭔가를 해야겠다. 그런 면에서 다 망했다. 나는 사람들이 좋아할 일을 하려고 한 것 같다. 나는 내가 좋아하는 일을 해야겠다.

배드베드북스의 북스도 마음에 들지 않았다. 어쨌든 북스는 빼겠다. 일단 빨리 책을 하나 써야겠다.

2014.11.22.01:12

내일 할 일.

1. 아침에 일어나서 유스라인에 메일을 보낸다.
2. 홈페이지 생각한다.
3. 일단 박물관 책 읽다가 잠을 잔다.
4. 백은선 시를 쓴다.
5. 박성준 포스터
6. 데이빗
7. 백승욱 선생님 수업 계획서 확인해서 책을 읽기 시작해야 한다.
8. 돈을 벌 궁리를 한다.

자살하면 좋겠다.
피곤한 세상이다.
계속 고민할 필요가 있나. 그냥 죽으면 더 깔끔하게 실수 없이 끝 아닌가. 내가 어째도 새끼들 그냥 그러려니 할 테니 또 그냥 죽어야 내가 편하다.

2014.11.22.13:39

축시를 썼다. 내 마음에 든다. 조금 도식적이긴 하지만 그래도 솔직한 것 같다. 그리고 그렇게 솔직하게 쓰다 보니 시를 하나 썼다는 기쁨과 난 그냥 망했다는 생각이 든다. 내가 망한 것은 내가 눈이 높기 때문이다. 그래도 나는 망했다.

난 혼자서 살아야 할 것 같다. 친구도 없이. 그냥 그러는 게 좋을 것 같다.

아니면 죽거나. 그래 그게 제일 쉬운 것 같다.

그런 사랑하는 마음이 사라지면 어떤 사랑하는 마음이 있다. 그래서 뭐 어쩌란 말인가?

갑자기 골든타임이 생각났다. 아주 좋은 드라마였던 것 같다. 하우스도 좋아하지. 내가 좋아하는 것은 어떤 의학 드라마인가. 의학 드라마를 좋아하는 것은 딱히 아니다. 그러면 그게 뭔지 안다면. 음 뭔지 알겠다.

아름다움과 경탄이 많은 세상일수록 내가 별로 살고 싶지 않은 세상이다. 사람들은 그런 세상을 좋아한다. 나는 싫어한다. 나는 혼자 살아야 할 것 같다.

2014.11.22.16:12

나는 사랑을 받을 가치가 있다. 헌신적이고, 열심히 살며, 타협도 하지 않는다. 그러나 그런 것은 멋진 것이 아니다.

2014.11.22.22:41

높은 곳에서 떨어져서 죽어야겠다.
그래
오늘 축시를 읽었다. 나는 사랑에 대해서 말하는 것이 다른 것을 말하는 것보다 훨씬 가치가 있다고 생각한다. 하지만 나도 사람이다. 나는 내가 가질 수 없는 것을 열심히 문장 저편에, 내가 모르는 어딘가에 두었다. 나는 아무것도 가지고 싶지 않은 것이 아니다. 가지려고 하면 없어지는 것을 알고 있을 뿐이다. 그렇지만 누가 내 곁에서 내가 그렇게 믿는 것을 정말로 좋아하기를 바랐다. 하지만 모든 것은 유한하다. 죽어야 한다. 끝내도 된다. 나는 시도 많이 썼다. 더 좋은 시를 쓸 필요는 없다.
그리고 내 생각에 사람들은 대부분 악하다.
죽는 것 말고는 조금이라도 좋게 느껴지는 일이 정말로 없는 것 같다.

높고 피해도 없는 곳 그러면 산이 좋겠다.

나는 돈도 없고 없을 것이고 잘난 척하다가 남들 욕만 듣고 있고 들을 것이고 내 말을 아는 사람도 만나지 못할 것이다. 군대에 갔다가 오면 할 줄 아는 것도 없이 아무것도 하지 못할 것이고 할 생각도 없다. 집은 어렵고 아는 사람들도 다 각자 힘들다. 시는 많이 쓴 것 같다. 재미없었다. 뿌듯할 때가 있었다. 이제는 뿌듯해도 기분이 좋지 않고, 이게 뭔지 안다. 부질없어 보이지 않을 뿐이다. 부질없다는 말을 부정할 뿐이다. 그러니 정말로 이제는 죽어야 한다. 어렸을 때 문학을 좋아하고 동경하지 않았으면 달랐을까. 모르겠다. 사는 건 고통이다. 내가 예수는 아니다.

2014.11.23.

일요일이다. 이런 날에 밖으로 나가 누가 없어지면 없어진 날이 제 삿날일까 찾은 날일까.
승기 생각이 나서 썼다. 하나만 더 써야겠다. 승기에 대한 시를 써 달라고 했었지.
딱히 민정기 부탁도 들어주고 싶지 않다. 요즘은 민정기에게 시도 보내지 않고 연락도 안 했다. 안 해야지.

2014.11.24.

잠이 아니 옴.
일어나서 뭘 먹을까 고민했는데 딱히 모르겠다. 그냥 안 먹고 죽으면 좋을 것 같다.
그래도 먹긴 먹어야지 안 느껴도 되는 고통 느끼지 말아야지 그렇지만 어떤 고통이 안 느껴도 되는 고통일까 혹은 내가 정말로 그렇게 효율적인가.
오늘 내가 먹을 첫 끼는 일식은 아니다. 안주류도 아니다. 그러면 뭘까. 모르겠네.

2014.11.25.

처울다가 이도 안 닦고 잤다. 이제 담배는 진짜 피우지 말아야지. 울고 자서 그런지 몸이 너무 아프다. 씻어야 한다.

2014.11.26.15:10

아침에 일어나서 계속 누워 있었다. 학교에 갔다. 웃기는 애기들을 하게 되어서 너무 슬펐다. 재미공작소 수업에 가서 슬픈 애기들을 하고 들었다. 배베에 왔다. 타인의 고통을 읽어야 한다. 너무나 미안하고 불쌍한 마음 때문에 어제 오늘 울었다. 루이를 생각했다. 아 슬프다.
나는 물신성을 획득하려는 사람보다는 그렇지 않으려고 노력하는 사람이 좋다. 하지만 노력은 노력에 그칠 것이다. 하지만 그런 사람은 편안하다. 무섭지 않다. 그런 사람이 되려고 한다. 항상 그런다.
씻으면 더 슬플 것 같다. 어디에 있나.

2014.11.29.

이제 물을 마시고 노트북을 챙기고 빨래를 돌리고 나가서 사무실에 가서 기름 난로를 켜고 샴푸를 사고 밥을 먹고 사설을 쓰고 수집품 보고 도덕의 계보학을 읽어야 한다. 그리고 돌아오며 빨래를 데려오고. 생각이 나지 않는다. 너는 보인다.
슬픈 표정과 어쩔 줄 모르는 모습은 보인다. 짜증도 보인다. 보는 것이 아는 것이라면 너무나도 잘 안다. 하지만 어떻게 해야 하는지는 모른다.

왜와 어떻게가 이름인 사람에게 왜와 어떻게는 더 빨리 지루한가. 아니면 그 의미가 상쇄되는가. 조금 더 빨리.
겨울이 오면 많은 것들이 잠시 쉰다. 그러면 뭔가 할 수 있다고 믿는다. 그렇지만 겨울에는 잠이 쏟아지기 마련이다. 그러면 아무것도 할 수 없다. 다시 봄이 오고 가을 그러면 겨울이 올 것이고 잠시 많은 것들이 쉴 것이다. 시간이 남을 것이다. 잠이 쏟아지기 마련이다.

2014.11.28.

배가 고프지 않다.
마르겠다.
이런 것이 우울증이구나 잠을 자야겠다.
그러면 그냥 우울증일 뿐이겠지.
아니면 우울증도 아니겠지.
하하하 까고 있네 김승일새끼.
대구에 가면 좋겠다.

2014.11.26.22:51

뭐든 암호로 썼던 시절이 있고 아직도 그러는 사람이 있다. 그걸 비밀이라고 부른다면 나는 아직도 비밀이 싫다.

뭐든 비밀로 쓴다는 건 뭐든 비유로 말한다는 것이다. 그렇다면 비유 아닌 말은 있을까? 나는 왜 비유로만 말을 하는 것 같을까. 하우스를 또 보고 있다. 오늘 세 편 보았다. 중독자라는 것이 무엇인지 나는 알았다. 중독자는 자기 자신에게 중독된 사람이다. 나는 아마 나를 벗어나지는 못할 것이다. 대구에 가서 살면 어떨까. 냉면도 있으니까 괜찮지 않을까. 왜 대구일까. 손우성 때문일까. 대구에서 가장 기뻤던 것 같다. 인도나 호주보다 대구에서 기뻤다. 부산에 손우성과 류선미 한밭 연희 누나 지니어스와 함께 돼지 국밥을 먹고 공연도 하러 갔던 때가 생각난다. 한밭이 불렀던 노래가 생각난다. 오 아름다운 그대 한 번만을 불렀던 것이 생각난다. 나는 내가 변하지 않았다고 생각했는데. 그래도 변하긴 한 것 같다. 이젠 채근하는 것이 내 일이 아닌 것처럼 느껴진다. 느껴지기만 그렇게 느껴지는 것이겠지. 실제로는 아직도 조르고, 채근하고, 기도하면서 살고 있지. 옛날엔 그것만이 방법인 줄 알았다. 이제는 아닌 것 같다. 방법은 많다. 사랑에는 방법이 많지 않다고 생각했다. 소유하고 싶었기 때문이다. 물론 나도 가지고 싶다. 아직도 나는 왜 가질 수 없는 사람인가. 나는 왜 원하는 것이 별로 없는가. 나는 너를 가지고 싶다. 그런 한탄을 하곤 한다. 그렇지만 그건 관계와는 아무 상관없는 일이다. 누가 누군가를 가진다는 것은 관계가 아니다. 가지고 싶은 것과 가지려고 하는 사람은 또 다르다. 다르다. 다르다. 다르다. 다르다. 다르다.

계명대에서 맥주를 마시고 영화도 보고 걸어서 대구역으로 갔던 그 시절만이 내가 가장 즐거웠던 시간인가. 천지 삐까리를 들었던 시간이 좋은 시간인가. 좋았던 것 같다.

타인의 고통을 읽고 발제를 해야 하는데 아직 반 읽었다. 재미가 별로 없다. 왜 그런지는 잘 모르겠다. 밥을 먹으면 그 밥에 대해서 일기를 쓸까 생각했다. 오늘은 피자헛을 먹었다. 혼자 시켜서 먹었다. 작은 페퍼로니 피자였다. 씻지를 않아서 너무 내가 쓰레기 같았다. 냉장고에 피자 소스가 있었다. 꿀이었다. 그걸 빵에 발라 먹었다. 파마산 치즈도 뿌려서 먹었다. 피자헛은 페퍼로니가 좀 다르다. 빵도 바삭하다. 하지만 치즈가 그렇게 맛있지는 않다. 어쩌면 서브웨이 같은 피자일 수도 있다고 생각했다. 나는 서브웨이를 먹을 때 절대 굽지 않는다. 그리고 터키를 많이 먹는다. 치즈가 맛이 없다. 치즈는 구워야 맛있기도 하니까. 그렇지만 서브웨이가 좋고 피자헛이 좋다. 치즈에 대한 욕심이 많이 없어진 것 같다. 언제부터 치즈에 대한 욕심이 사라졌을까.

연희에 가야 한다. 가면 아마 죽고 싶겠지. 그렇지만 죽지는 않을 것이다. 만약 죽는다면 떨어져서 죽을 것이다. 언제 그렇게 떨어져서 죽는 것에 대해 생각했더라. 왜 그렇게 떨어져서 죽고 싶더라. 모르겠다. 나는 높은 곳이 싫다.

오늘은 일어나서 울지 않았다. 마음이 허한 것도 조금 줄어들었다. 그런데 저녁이 오니 다시 괴로웠다. 저녁이구나. 저녁이 그렇게 하는구나. 저녁이라는 단어만 썼는데도 벌써 가슴이 아프다. 예전엔 손바닥에 구멍이 난 것처럼 아팠다. 지금은 그렇지 않다. 지금은 그냥 눈물이 넘치는 것 같다. 나는 누구 앞에서 잘 울지는 않는 사람이다. 민정기 앞에서 울고 최원석 앞에서 울고 옛 사랑 앞에서 울고 상희 언니 앞에서 울고 옛날에 박성준 앞에서도 울었다. 그게 내가 누구 앞에서 울었던 순간들이다. 많이 울었구나 싶기도 하다. 나는 눈물을 흘릴 때마다 내가 이렇게 슬퍼할 줄도 아는구나 놀라곤 한다. 그렇지만 요즘엔 그런 생각은 별로 하지 않았다. 자식 버린 사람 같이 되었다. 그것이 슬펐다.

2014.11.27.01:17
___

폐인이 다 됐다.
정말 너무 많이 힘든 것 같다.
정말로 죽었으면 좋겠다.

2014.11.27.07:20
___

스펙터클을 비판하지 않으려고 아무리 노력해도 너와 너의 친구들과 모두에게 의미란 없다.
사람들은 자신의 고통을 다른 어떤 사람의 고통에 견주는 것을 참지 못하는 법이다.

2014.11.30.03:20

쓰레기 수집하는 사람과 힙한 사람은 같은 사람이 아니다. 아무도 같은 사람이 아니다. 어떤 집단도 같은 집단이 아니다. 그런데 어떤 집단들은 어떤 사람과 자기를 같은 사람 취급을 한다고 화를 낸다. 아니다. 화낼 필요가 없다. 같은 집단이 아니다. 같은 사람이 아니다. 그냥 너네 다 똑같아. 니네 다 똑같아. 거기서 거기지. 이런 말이 세상에 존재할 뿐이다. 그러니까 나는 같은 사람이 아니야. 나는 달라. 이런 말을 해서 자기 자신이 얼마나 똑똑한지 얘기할 필요 없다. 똑똑한 애들은 비슷해 보인다. 나는 그 비슷함이 너무 싫다. 왜냐면 너희는 다른 사람이기 때문이다.

2014.11.30.03:29

사랑한다.

처음 만난 바로 그날 고백하지 않으면 나는 아무도 사귈 수 없을 것이다. 나는 남자가 아니라 동생이기 때문이다. 혹은 소년 만화책 주인공이기 때문이다. 아무도 소년 만화책 주인공을 사랑하지 않는다. 나도 그렇다.

트위터는 누가 본다는 생각이 들지만 싸이월드는 누가 봐도 나만 본다는 생각이 더 많이 든다. 그래서 좋다. 우리는 모두 혼자 살아야 할 운명인 것 같다.

내가 사랑한 사람은 많지만 내가 나를 보여줘도 됐던 사람은 헤어진 내 여자친구밖에 없었던 것 같다. 그리고 그런 일이 또 일어날 것이라고는 생각하지 않는다. 매일 울고 지금도 울고 눈물의 방에 있는 것 같다.

이 일기들은 12월에 11월의 책이라고 해서 책을 낼 것이다. 음 그런데 아마 1월에 12월의 책이라고 해서 내는 것이 나을 수도 있겠다. 그리고 다달이 낼 것이다. 이번엔 거짓이 아니다.

2014.11.30.06:32

개는 사람을 죽였을 때 어떻게 행동할까? 그렇게 질문하면 우는 사람이 있고 안 우는 사람이 있다.

2014.12.01.

너는 필사했다고 문장을 쓰는 사람에 대해 그런데 그 종이 잃어버렸는데 아무도 모름.

어제 대학원 신문 마지막 조판이 끝났다. 대학원 신문 때문에 너무 많이 힘들었다. 이번 학기 교정을 볼 때마다 고등학교 때 하던 약간 웃기고 많이 이상한 농담만 계속 했다. 피곤하면 말이 많은 그런 사람이었다. 그렇지만 사람들이 너무 착해서 계속 웃어주어서 좋았다. 그래도 여전히 살기는 싫다.

빨래를 데려오고 배베로 가야겠다. 지금이다.

괜찮아 인생 망하면 그린란드 가서 다 같이 이탈리아 공산당으로 살자. 그러니까 인생이 망해도 괜찮아. 그렇게 말을 하면 나아지는 때도 있었다. 아직도 조금은 위로가 된다. 정말로 가야겠다. 군대에 다녀오면 생각을 해야지.

김승일 시나 써라 시나 써.

지금 나가려고 거울을 봤는데 내 얼굴이 마음에 들었다. 내가 이렇게만 생겼으면 내 마음에 들었을 텐데.

2014.12.02.

너 자신에게 잘해라. 밥을 먹어라. 13:20

-

밥을 먹어도 살기는 싫다. 14:04

-

모험에 대한 글을 쓰고 싶다. 15:37

-

왜 사는지 모르겠다. 23:11

2014.12.03.

이제 왜 사는지 모르겠다는 말은 그만 해야겠다. 죽고 싶다는 말도 그만 해야겠다. 그렇지 않은 것은 아니지만 그냥 그만 해야겠다. 전에도 그만 그래야겠다고 결심을 했던 적이 많다. 지금도 그렇게 결심을 하는 것이다.

그만 시간을 낭비하고 글을 많이 써야겠다. 얼마나 많이 쓸 수 있을까? 정말로 많이 쓸 수 있을 거라고 생각한다. 시도 많이 써야겠다. 아마 많이 쓰진 못하겠지만 말이라도 많이 써야겠다고 생각해야지. 그리고 시는 쓰지 말아야겠다.

대학원에 입학하던 때에 나는 생각했다. 시는 엘리트 예술이 아니다. 그 무엇도 고급 예술이 아니다. 모든 것은 이제 그냥 상품일 뿐이다. 그런데 왜 우리가 문학을 정치판으로 만들고, 지원금을 인맥으로 갈라서 먹나? 지원금은 도대체 왜 있지? 왜 너는 나한테 나는 나에게 권위적으로 구는 것일까? 솔직히 그냥 다 재미가 없는데. 소설도 재미없고 시도 재미없고. 느낌도 없고 지적인 느낌도 없고. 많은 사람들이 약간씩 신비롭게, 멋있게, 비싼 옷처럼 글을 쓰는 것 같은데. 아니면 황학동 옷처럼 쓰는 것 같은데. 모든 게 다 옷 같은데 나는 옷이 너무 싫었다. 나는 옷이 싫다. 아니지 나는 패션 센스가 없는 사람이지. 난 사람들이 미워하고 시끄럽다고 생각하는 사람이지. 사실 혼자 있으면 그렇지도 않지. 싫은 사람들 만나면 꼭 뭔가 나사 빠진 사람처럼 굴지. 시끄럽게 굴지. 술도 많이 마셨다. 이제는 마시지 않는다. 어쨌든 그러면 이제 나는 뭘 해서 먹고 살아야 할까? 뭘 해야 되는 것일까? 시로 뭘 하고 싶다는 생각은 들지 않았다. 그냥 나 같은 사람은 뭘 해야 하는지 알고 싶었다. 처음에 나는 아도르노가 좋았다. 아도르노는 미학이 세상을 바꿀 수 있다고 말했던 것 같다. 하지만 나는 그가 그렇게 말하지 않았다고 생각한다. 그는 지금 여기에 있는 것들로는 세상을 바꿀 수 없을 것 같다고 말한 것 같다. 그 말은 틀렸다. 지금 여기에 있는 것들이 아니고서는 아무것도 없다. 벤야민이나 브레히트를 공부하면 그들이 아도르노의 순진한 생각보다는 더 포용력이 있고 실효성이 있는 생각들을 하는 것 같았다. 하지만 나는 아도르노가 좋았다. 타협하지 않다가 타협하는 사람들은 대부분 순진한 멍청이들이며 게다가 그 잇속 또한 악하기 짝이 없다. 내 마음속 아도르노는 그런 사람이 아니었다. 그건 사실 아도르노도 아니었다. 그건 사실 내 딸이었다. 그건 사실 김아니였다. 그건 사실 아니라고 말하는 사람이었다. 그래서 계속 아니라고, 이게 아니라고 괴로워하는 사람이었다. 어물쩡 타협을 한 다음 그냥 아 이 정도면 됐다. 그래도 어렸을 때 잘 싸웠다. 그렇게 사는 사람이 아니라. 그 어디에서도 이게 아닌데. 이게 진짜 아닌데. 그렇게 말하는 사람이 내게는 내 딸이다. 그리고 나는 딸을 낳지 못할 것 같다.

수업을 하다가 물었다. 시를 왜 쓰나요. 시를 쓰는 데 큰 목적은 없다고 학생이 말했다. 그래서 나는 말했다. 나는 시가 세상을 바꿀 수 없다고 생각하지 않는다. 나는 세상을 바꾸고 싶어서 시를 쓴다. 그렇게 생각하지 않으면 나는 내가 시를 왜 써야 하는지 알 수 없다고 말했다. 물론 내 시는 이제껏 세상을 아주 조금도 바꾸지 못했다. 만약 조금이라도 바꾸었다고 해도, 나는 말할 것이다. 아니다. 시는 아무것도 할 수 없다. 시가 바꿀 수 있는 것은 내 자신뿐이다. 그렇지만 나는 책상 앞에 앉아서 절대로 그런 생각은 하지 않는다. 나는 이렇게 말한다. 세상을 바꾸려면 어떻게 해야 하는가. 세상을 어떻게 바꾸고 싶은가? 무엇이 가장 싫은가. 무엇이 가장 나쁜가. 그리고 나는 어떻게 세계를 바꿀까 생각한다. 시를 쓴다. 그러나 시를 쓰면서 나는 내 세계의 나쁜 점을 알게 된다. 나는 계속 아니라고 말한다.

그러나 나는 시만 쓰고 싶진 않다. 시를 쓰지 않을 때에는 다르게 살았으면 좋겠다. 나는 계속 부정하는 사람이지만 지향하는 바는 세워두고 싶다. 나는 친구들이 실패를 슬퍼하거나 열등감으로 흩어지거나 아니라고 말하지 못하는 꼴을 보고 싶지 않다.

2014년은 힘든 해였다. 많은 친구들과 멀어졌다. 내 잘못이 아주 클 것이다. 하지만 나는 나도 사람이기 때문에 이렇게 말하고 싶다. 나는 직장을 갖는다는 것이 그렇게 너희들에게 큰 의미인지 몰랐다. 너희가 사회 경험을 한다는 것이 그렇게 대단한 것인지 몰랐다. 나는 너희가 항상 너희가 경험한 것이 대단한 것이라고 말하지 않기를 바랐다. 그렇지만 그게 쉽지 않다는 것은 나도 안다. 조금이라도 인정을 받으면 언제나 나는 대단한 사람이기 때문이다. 그렇지만, 나는 이제 어떤 사람의 인정 속에서도 별로 내가 대단하다고 생각하지 않게 된다. 그리고 대단한 사람이 되고 싶지도 않아졌다. 나는 그냥 글을 많이 쓰는 사람이 됐으면 좋겠다. 나는 내가 아니라고 말하는 사람이었으면 좋겠다. 내가 한 일이 대단하다고 말하는 사람이 아니었으면 좋겠다. 내가 인정을 받는 사람이라고 말하지 않았으면 좋겠다. 나는 이런 말은 할 것이다. 나는 한국의 시인치고는 시집을 꽤 많이 판 시인이다. 그러나 그것은 내게 실패의 경험일 뿐이다. 내게 있어서 가장 속상하고, 그래도 가치 있었던 일은 시집을 출판하게 된 일이다. 그래서 여기저기에서 푼돈을 받을 수 있었다. 하지만 그 이후로 나는 이런 식으로는 더 하고 싶지 않았다. 그런저런 저자가 되고 싶지 않았다. 나는 이해할 수 없다. 나는 이해할 수 없다고 생각한다. 그 무엇도 이해할 수 없다. 그렇지만 내가 무엇인가를 이해할 수 없다는 것은 내가 무엇인가를 이해하려고 했다는 것을 반증한다.

나는 나에게 이렇게 말한다. 너는 이제 끝이다. 그래도 상관없다.

그것은 진실이 아니기 때문이다. 그러나 그것은 진실이다.
그러니까 너는 너를 믿지 말아라 승일아 넌 그냥 도박하는 사람이다.

2014.12.04.

죽고 싶은 것이 아니라 무서운 것 같다. 뭐가 그렇게 무서울까? 그것에 대해서 이제 쓰겠다. 일기로 쓰겠다. 시는 언젠가는 쓰겠다. 어디에 있나요.
공포

2014.12.06.

내가 좋아하는 걸 좋아하지 마라.
내가 좋아했던 것도 좋아하지 마라.
내가 허락하는 것만 좋아해라.
나를 좋아해라.
난 나 안 좋음.

2014.12.07.00:28

오늘 문명을 했다. 내가 로마로 해서 독일(최원석), 미국(이화주), 이집트(원상희)를 이겼다. 다들 전쟁광이 되어 나를 협박하고 괴롭혔는데 나는 꿋꿋이 문화를 꽃피워서 이겼다. 히틀러의 몰락을 틀어줬다. 사람들이 내가 이겨서 좋아하는 모습을 보고 빈정거렸다. 난 그렇게 잘난 척한 게 아닌데 내 얼굴이 정말 그렇게 행복해 보였나? 다음엔 내가 져줘야지 아무도 모르게. 아무도 모르게.

2014.12.07.06:11

난 뭘 위해서 사는 것일까. 그런 게 없는데도 왜 무서운 것일까. 대상을 잃고 나서도 대상이 있었을 때의 느낌을 잃지 못한 것일까. 그래서 내게 아무것도 허락되지 않는 것일까. 오늘은 가구야 공주를 보았다. 슬펐다. 너는 공주였다.

이 마음은 잊지 않아야겠다. 다른 마음들도 잊어지지 않겠지만 잊어도 조금만 슬플 것 같다. 그러나 이 마음은 잊어지지 않기 때문에 더 슬프고, 잊어야 할 것 같아서 조금 더 슬프고, 내가 잊지 않으려고 할 것 같아서 아주 곤혹스럽고, 이런 식으로도 더는 말하고 싶지 않다.

그리고 나는 글 쓰는 사람이 된 것 같다.

나는 같이 유리를 까는 사람을 사랑한다.

깔았던 사람이겠지.

잘자라는 잘가라와 다른 뜻이다.

잘자라와 잘가라는 다른 뜻이다. 이렇게 써두고 오늘은 두 인사가 같은 뜻이라고 생각하고, 내일도 그렇게 생각을 하고, 내일도 그렇게 생각을 해라.

잘자라 승일아.

잘가라 내 딸아.

ㅃㅃ

시인이네.

근사하고 편안한 사람이 될 수는 없고 되지도 않을 것이다. 나는 시를 써라.

별로 안 슬프다. 이게 슬픔인 것 같다.

그래도 계속 무섭다. 이게 뭔지는 잘 모르겠다. 죽음이나 사랑에 관련이 깊은 어떤 것인 것 같다. 그건 알겠다.

하지만 얼마나 많이 알겠는가. 내가 알아봤자.

승일아.

너는 나랑 만난 지 하루도 안 되어서 나에게 승일아라고 했다. 난 그게 싫었다. 나는 나를 만난 지 엄청나게 많은 시간이 흐른 뒤에야 나에게 승일아라고 했다. 그건 습관 같았다. 어떤 사람은 나를 만나고 한 시간도 안 돼서 내게 승일아라고 했다. 습관 같았다. 조금 불편했다. 이젠 그 습관은 슬프다.

죽고 싶다고 말하지 마라.

닥쳐라 자라.

불안하다는 말도 써보자.

불안하다.

어색하다는 표현보다는 불안하다는 표현이 더 세련되었다. 그렇지만 불안이 나와 더 잘 맞는다. 어색함은 귀엽기라도 하지. 불안은 실제로는 가까이하기 어려운 사람의 것이다.

2014.12.07.16:02
___

정신 차려라.
혼자 살아라.

2014.12.08.
___

자고 일어나면 모든 것을 다르게 만들겠다.

2014.12.09.
___

왜 일어났지.

2014.12.12.00:58
___

너무 괴롭다. 내가 할 수 있는 일이 없는 것 같다.

2014.12.13.03:45

어떤 사람이 폭로를 할 수 있을까? 언론이란 무엇일까.
모든 말이 결국은 같은 진실을 위한 것이라 하더라도, 그것은 말일 뿐이다. 그러면 말이 말일 뿐이지 않을 때는 언제인가? 그것은 말이 우리에게 우리가 쉽게 실행하지 못할 일들을 지시할 때다. 그러나 말이 지시하는 모든 것은 쉽게 실행하기 어려운 일이다. 그러나 우리는 안다. 지금 하기 힘든 일과, 지금은 정말 할 수 없는 일이 있다. 그리고 나는 지금은 정말 할 수 없는 그 일을 말을 통해 지시하는 사람들을 조금 더 신뢰하며, 나는 그런 말을 할 것이다. 그러나 그 말은 지금 당장 유토피아를 만들고자 하는 선언과는 다르다. 어떠한 좋은 느낌도 만들지 않을 것이다. 안주하게 된다.
말을 말로 보지 말고 말이 무엇을 원하는지 보라.
오늘은 상희 언니가 나를 이겼다. 문명에서. 내가 저번에 약속한 것처럼 져줬다. 난 너무 착하다.

2014.12.13.21:13

일단 내일 교보문고 가서 미첼 책을 사고, 오늘은 오성균 선생님 논문 생각하자. 문화 산업에 관하여 생각한다. 거기에 대한 논문은 뭐가 있는가? 그리고 오늘 자기 전에 백승욱 선생님 필기 보면서 어떤 책을 더 사 올지 고민한다. 내일 30만 원 부탁한다. 돈이 없다.

2014.12.16.02:26

오늘 상희 언니는 프랑스에 갔다. 나는 아침에 일어나서 교보문고에 갔다가 왔다. 책을 샀다. 미셸의 책을 읽었다. 내가 읽었던 이론서 중에 가장 공감이 많이 되는 책인 것 같다. 이 사람의 욕망은 무엇일까. 사람의 욕망은 무엇일까. 사람이 아니라면. 그의 욕망은 무엇일까. 대명사의 욕망은 무엇일까. 이름의 욕망은 무엇일까. 그 이름을 가진 자의 시는 어떤 욕망을 가지고 있는가? 시라는 말은 적절한가?

어쨌든 지금은 이렇게 정리하자.

(이름을 채우시오)의 시는 무엇을 욕망하는가?

괄호 안에 이름이 있다. 그 괄호의 시는 무엇을 욕망하는가? 그 욕망 앞에 서기 위해 우리는 시를 부정한다. 그러고 나면 욕망 앞에 서서 욕망으로 답하며, 곧이어 괄호 안의 이름이 무엇을 욕망하는지 떠올리려고 애를 쓸 수도 있다. 그러지 않을 수도 있나? 이름은 괄호를 욕망하게 되는가? 그러지 않을 수도 있나? 괄호 속이라는 표현을 쓰지 않고 이름의 시는 무엇을 욕망하는가? 라고 쓸 수도 있나? 그럴 수 있나?

연대 고대에 메일을 보내고, 백승욱 선생님 시험공부를 하다가 잠을 잔다. 내일은 미첼을 읽다가 영상 과제 논문 생각하고 다시 밤에는 백승욱 시험공부를 한다.

일기로 책을 쓰고 싶다면 일기를 많이 써야겠지. 그러나 일기로만 책을 쓰지는 않을 것이다. 그리고 매달 형식을 바꿀 것이다. 희곡, 소설 등등이다. 내가 쓴 대부분의 글들을 책으로 만들 것이다.

시가 한 말을 부정한다고 써라. 네.

2014.12.16.02:53

내가 싫어하는 것들의 목록을 주기적으로 써야겠다.

나는 사람들과 친한 사람이 싫고 사람들에게 친한 척하는 사람 질색이다.

친한 척 못 해서 괴로워하는 사람도 질색이다.

그러면 나는 어떻게 하는가? 나는 기본적으로 사람 무시하고 안 좋아하고 저 새끼는 뭐가 문제일까 문제가 없어도 문제가 있을 것이라고 생각한다. 끝.

사실 끝은 아니고. 나는 친해지게 된 사람들은 좋지만 친해지려고 발악하는 것도 싫고, 호감을 보이는 것도 싫다. 그러니까 내가 호감을 보일 때에는 얼마나 내가 호감 보이기 싫은데 호감 보이고 있는지 알아주길 바란다.

그러면 어떻게 친해졌다고 당신이 확신할 수 있는가? 내가 뭐 같이 하자고 하면 친해진 것이다. 나는 안 친한 사람하고는 아무것도 안 한다. 넘 짜증 난다. 아 너무 짜증. 아무것도 안 하지는 않았다. 이제 아무것도 하지 말아야지.

내가 청탁 왜 거절하는지 이제 알겠냐. 너희가 내 친구냐. 까불지 마라. ㅇㅇㅇㅇㅇㅇ

그리고 기껏 나랑 친해져놓고 멀어진 사람들에게 말해주겠음. 니네는 기회를 다 놓친 거다. 기회를 다시 잡으려면 나한테 만년필이나 공책을 선물로 줘라. 끝.

2014.12.16.03:29

살기 싫다. 무서워서가 아니라고 말하고 싶다. 그러나 무섭다. 너를 무섭게 만들 수 없다. 네가 나를 무섭게 만드는 방식이 사람을 무섭게 만드는 방식이라면, 너에게 그 방식이 통하지 않을 것이기 때문이다. 그게 나 때문인 것 같다. 나는 왜 나인가. 그것이 무서움의 시작이다. 그것을 사랑이 아니라고 말할 수는 없지만 그것을 사랑이라고 말한다면 살기가 싫다. 무서워서가 아니라고 말하고 싶다. 무서워서가 아니다. 무섭지 않다. 이 말은 진짜일 수 있다. 하지만 말을 하는 화자라는 유기체는 무서움 속에 있다. 유기체는 무서움 속에 있다. ㅇㅇㅇ은 무서움 속에 있다. ㅇㅇㅇ을 무엇이라고 할지 고민해야 한다.

개소리 해도 돼 아무도 신경 안 쓴다.

이준규가 박진영이고 황인찬이 유희열인 듯.

2014.12.16.05:38

난 여기에 있어 난.

난 아직 살아 있어 난 황인찬 좋아하고 난 시도 쓰고 난 공부도 하고 난 유주 언니랑 최원석이랑 이강진이랑 상희 언니랑 같이 망원에도 있어 난 생각해 난 많은 생각을 하고 그걸 그냥 써 내가 생각하는 건 쓰는 거야.

이 모든 건 하나도 기쁜 일이 아니야 이건 그냥 중독에 불과해.

하지만 중독을 불과하다고 써선 안 돼 하지만 난 쓰겠어 중독은 중독에 불과하다고 난 쓰겠어. 그리고 난 무서워.

난 모든 것을 써. 난 비밀이 없어. 그게 나의 비밀이야. 나는 소급하지 않아. 내가 소급하지 않는다는 것을 너희는 절대 알 수 없어. 왜냐하면 내가 소급하기 때문이야. 난 소급하지 않아.

너희는 거짓말쟁이야. 이건 거짓말이 아니야.

나는 피노키오야 파란 요정 만나고 싶어. 거기서 만나자. 파란 요정은 장소가 아니야.

아니야 이렇게 떠드는 식으로는 절대 시를 쓰면 안 돼.

그건 서사가 아니야 난 서사를 포기하지 않아 난 서사에 중독되었을 뿐이야.

넌 나를 어떻게 생각해. 나는 그걸 듣고 싶어. 난 그 그림을 가지고 싶어.

그건 네가 아니야 너의 그림이야 그 그림이 내게 온다면 나는 그 그림과 함께 너만을 쳐다보겠어. 너만을 너만을 너는 없어 너의 그림만 있어.

이게 내 도식이야 여기서 시를 쓰면 나는 내가 한 모든 말을 잊어야 하고 잊게 되고 그게 신비야 그건 슬퍼.

나는 혼자야.

ㅇㅇㅇ은 혼자야.

공백도 내용이야 그리고 난 공백으로 공백을 보여주려 했던 게 아니고 내가 만약 지금 공백을 입력했다면 그건 ㅇㅇㅇ이야 그렇지만 난 ㅇㅇㅇ을 공백으로 두려고 했어 그게 실패했어 여기엔 의미가 있겠지 그 의미가 무슨 소용이야.

소용과 쓸모와 돌이.

모두 제목이야.

난 나만의 미니룸을 가지고 있고 싸이월드를 가지고 있어. 내가 할 수 없는 것은 없어 내가 정말로 원하지 않을 뿐이지. 난 원해 그게 정말로 원하는 건 아니야. 난 이제 내가 오랫동안 짝사랑했던 친구를 사랑하지 않아. 그건 너희들이 생각보다 못됐기 때문이야. 친구라는 말이 너희들이란 말을 만들었어.

글을 빨리 쓰지 않는 게 싫어. 그래도 내가 가장 잘 쓴 시는 유캔네

버고홈 어게인이야. 그건 사실이야. 그건 하나씩 쳤지. 하나를 치는 데 오래 걸렸지. 이제 그렇게 쓸 거야.
재밌다 이렇게 계속 떠드는 거.

2014.12.16.06:10

난 대구가 너무 좋았다. 나는 도그스타 남매와 걷는 것이 좋았다.
내가 아직도 좋게만 기억하는 기억은 그 기억뿐이다.
나는 내가 만든 가상의 나를 사람들과 함께 만드는 것을 좋아한다.
나는 내가 더 유명하게 됐으면 좋겠다. 하지만 사람들은 멍청하다. 너희와 가상의 나를 만드는 놀이를 하지 않겠다. 너희는 멀리서 봐라. 전시장이다.
너는 그저 너의 글을 보면서 느낄 수 없는 것이다. 남 글을 보고 칭찬하는 것이다. 하지만 쓰면서만 느끼는 것이다.
나는 내가 없는 것을 알지만 내가 만든 무엇인가가 있다는 것은 확신한다. 이 확신은 맹신이다. 내가 만든 무엇인가는 뻔히 말하면 시라고 할 수 있지만 그게 아니다. 나는 시를 쓰는 ㅇㅇㅇ를 만들었다. 그리고 나는 없다. ㅇㅇㅇ은 있다. 그렇지?
아니. 김아니.

2014.12.17.01:45

그런 건 없다 하지만 그렇게 말하는 순간 형식이 있다. 나는 당신의 그 형식에 반대한다.

난 거부한다. 거부하는 사람의 필사적인 발버둥도, 말년의 무엇을 거머쥔 듯한 지혜와 정의를 초월한 지껄임도 나는 거부한다. 거부하기 위해 받아들이던 사랑이 있다. 아직도 받아들인다. 그러니 더 빨리 거부한다. 너도 그렇니? 니가 나처럼 그렇다면 나는 나를 거부한다.

사랑하고 거부한다. 그 텀이 더 빨라지고 사랑하는 순간 거부하고, 거부하는 순간 거부함을 믿지 않는다. 믿지 않지도 믿지도, 양가적이지도 않으려 한다. 자폐가 시작된다. 자폐를 버린다. 거부한다.

너를 사랑한다.

○○○을 사랑한다.

○○○은 사랑한다.

사랑한다.

사랑해

해

거부해

해

하지 마

하지 마를 하지 말라고 내게 명령하지 않았으면 좋겠어. 아니야.

세상도 흉흉하고 무섭다.

누굴 만나볼까.

나는 너희들의 행복한 사진을 보는 것이 좋다 그것이 행복이 아니라는 생각이 조금 들기 때문이다.

행복하네.

그것은 꿈에서 하는 말이다. 행복하네.

오늘은 망원에 좁은 길에서 맞은편에서 오는 차와 내 차 앞에서 앞을 향해 가던 차가 끼어서 움직이지 못하고 나도 같이 움직이지 못했을 때 소리 내어 말했다. 행복하네. 순간 행복하네라는 말은 행복에 대해서도 슬픔에 대해서도 말하지 않고 있다. 나도 조금 그랬다.

2014.12.17.02:15

그 사람 싫어요.

낡은 책이 좋으면 내게 그 책을 주세요 나는 그 책을 읽지 않겠어요 그리고 내년에 드리겠어요.

인간적이지 않은 것이 있다고 믿기 전에 인간적이라는 말을 다시 생각해야 한다.

쓰레기 좋아해여? 난 싫어해여. 꺼지세여.

쓰레기 재밌어여? 재밌어 보이네여. 좋겟네여.

난 말과 나를 구분해서 말하고, 말과 나는 아주 조금 다를 뿐이고, 어떤 사람은 그럴 것이면 왜 구분을 했냐고 물으며, 그 구분의 의도를 알기 위해 내 말을 읽고, 나는 알려주고, 너는 아직도 모르고, 나는 계속 구분하고, 너는 알았다고 쓰고, 나는 너와 너의 앎을 구분하고, 나는 자고 싶지 않고 꿈을 꾸지만 내가 일전에 느꼈던 꿈이 아니고, 그것은 말과 나를 구분하면서 생긴 것이고, 그러나 이 모든 것이 나라면 그것은 죽고, 내가 구분한 것들이 죽음을 가리키고, 바로 그 면에서 우리는 구분된다. 넌 가리키고, 난 가리켰었고, 너는 가리켰던 무언가가 되고 싶은가 말아. 내 딸아, 내가 이렇게 다 알려주고, 너는 알았다고 쓰고, 너는 죽고, 너가 쓴 앎은 죽음을 가리키는가? 생각해라. 생각해란 말은 죽음을 가리키던 무언가가 너무 쉽게 되어버리네.

재미가 있다. 시는 이렇게 쓰지 않을 거야. 시는 쓰지 않겠어.

2014.12.17.06:37

난 친구를 중요하게 생각한다. 그렇지만 오래 만났다고 다 친구는 아니다. 나는 외롭지 않다.

2014년이 가장 힘들다. 아직 안 끝났다.

난 오래 살 것이다. 날 좋아하는 사람이 많다는 것을 안다. 그건 내가 만든 어떤 ㅇㅇㅇ이다 내가 아니다. 나는 ㅇㅇㅇ에게 맞는 권력을 줄 것이고 뺏을 것이다. 그것이 ㅇㅇㅇ에게 맞는 위치다. 그렇다면 내가 죽고 나서도 ㅇㅇㅇ은 그 위치를 고수한다. 나는 세속적이다. ㅇㅇㅇ도 세속적이다. 그리고 이 일기를 썼으니 이제 이 세속적인 성향을 제거하려면 무엇을 할 수 있는지 살펴보겠다. 나는 ㅇㅇㅇ의 담지다. 나는 아무것도 아니다. 나는 자살을 하지 않는다. 지금은 절대로 하지 않는다. 앞으로도 할 수가 없다. 보다 더 오래 살아남는 ㅇㅇㅇ을 만들 것이다. 악이 되어라.

2014.12.18.03:46

만들어진 행복 혁명 그것을 거부하는 것이 그렇게 나쁜 것이냐. 멍청한 것이냐.

2014.12.18.06:21

나는 나라는 사람이 없다고 믿고자 했다. 그렇게 묘비에 쓰면 좋겠다. 묘비가 있을 거라고 예상하는 것은 내가 나라는 사람이 없다고 믿지 못한다는 뜻이지만. 그러한 상황에서도 나는 나라는 사람이 없다고 믿고자 했다. 나는 내가 만든 기계를 믿었다. 그것을 사랑하는 존재였다. 그렇다면 나는 나라는 사람이 있다고 믿을 수밖에 없었다. 그러나 나는 그것을 사랑하려고 하는 존재였다. 사랑하는 존재가 아니었다. 존재를 탄생케 하는 절대적 사랑이란 그런 것이었다. 때문에 나는 나라는 사람이 없다고 믿을 수 있었다. 가끔씩 정말로 믿음이라는 것이 가능했다.

2014.12.19.06:41
___

지금처럼 살아도 혼나지 않으면 그냥 지금처럼 살아도 될 것 같다.

2014.12.19.14:30
___

외할머니가 오늘내일 하신다고 한다. 정말 많은 사람들이 떠난다. 너무 많은 것들이 변한다.

2014.12.20.
___

힘들다

2014.12.28.
___

일어나

2015.01.02.04:22

일기를 매일 쓰기로 했는데 학교 과제가 너무 많았고, 연말과 신년에 계속 놀았기 때문에 쓰지 않았다. 나는 크리스마스 전에는 너무 슬픈 사람이어서 슬픔과 빡염 하는 일이 잦았다. 그래서 빡염 하는 사람이었다. 그런데 크리스마스 이후로는 슬픔과 빡염 할 새도 없이 바빴다. 이제 안 바쁘다. 세탁했던 거 빼 와야지 근데 밖에 춥겠다. 어쩌지.

연애에 대해서 뭘 써보면 좋을 것 같다. 연애 많이 하지는 않았지만 이제 할 만큼은 한 것 같다고 생각했다. 뭘 썼다.

혼자 있으니 매우 편하다고 생각했다. 그렇지만 돈이 없어서 걱정하는 건 혼자 있어도 마찬가지인 것 같다.

2015.01.02.05:26

음, 일단 조금만 자야겠다. 그리고 일어나서 배드베드에 가서 청소하고 논문을 쓰기 시작해야 할 것 같다. 용산에 가서 기름을 사오는 것도 나쁘지 않겠다. 핸드폰 요금을 내야지. 오늘은 책을 조금 읽고, 게임 회의를 해야겠다. 가방이랑 하게 될 일에 대한 계획을 자기 전에 세워야 한다.

2015.01.10.

죽음에 대한 그들의 공포도 언급해야 한다.
기쁜 일이 빠져나가면 슬픈 사람이 될 뿐인가.
일이 재밌으면 된다 승일아. 일 재밌게 생각해라.

2015.01.11.11:37

외로운 거 같다.

나 외로운 거 남까지 알아서 신경을 써야 할 필요 없지.

난 나에게 잘하는 법을 잘 모르는 것 같다. 좋았던 것들만 다시 하고 또 하겠지. 그게 그레고리 하우스의 삶이었다. 그렇지만 모든 사람들의 삶이 그렇다. 모든이란 말은 없다. 잘 해보려고 했는데 남들만 행복하고 나는 아니다. 하우스가 그렇게 말했다. 나는 지금 맥간에 가고 싶다. 그럼 군대를 다녀오고 돈도 벌어라. 변화를 싫어하는 사람이라는 말에서 싫어하는 이라는 말이 참 사악한 말인 것 같다. 변화가 있을 때 정서가 불안한 것일 뿐이다. 그 불안함이 본래적으로 죽음과 연결되어 있다고 생각했다. 최근 더 그렇게 생각했다. 이러한 헐거운 도식으로 무언가를 구성하고 쓰는 일이 예술이라고 생각했다. 지금도 그렇게 생각한다. 이 생각이 나를 답답하게 하지만 또한 이렇게 생각하지 않고 똑똑하게 사회와 인간에게 훈수 두는 사람들 보면 마음이 괴롭다. 어제는 황동규 시를 읽었다. 김종삼 봇 때문에 읽었다. 그 시에서는 낙엽이 검은 냇가 위를 빙빙 도는 삶을 살았다. 새로운 시는 없다. 새로운 것은 없다. 나는 모른다. 모른다는 힘으로 살기 위해서는 사람들을 사랑해야 하는 것 같다. 그러려면 조금 더 혼자 있어야 할 것 같기도 하다. 이지영과 헤어졌고, 민정기와 멀어졌고, 많은 친구들과 연락도 하지 않았으며 별로 관심이 생기지 않으면서 이러다 너무 많이 고립이 되지 않을까 생각했다. 이랑은 결혼했고 나는 굉장히 빨리 새로운 여자친구를 사귀었지만 사귀고 나니 금방 회의감이 들었다. 이렇게 해도 행복하진 못할 것 같았다. 삶의 질 삶의 질 얘기했다. 그런 건 없는 것 같았다. 허리가 아프고, 하우스를 계속 보았다. 다시 괴롭게 시 썼던 시간이 도래하는 것 같았다. 괴롭게 시를 썼을 때 내 시는 대부분 이랑을 생각하며 쓴 시였다. 그리고 그 시들을 다시 읽을 때, 참 슬프고 나다운 시를 썼다고 생각했다. 그때는 슬픔이 전부라고 생각했다. 이제는 행복이 필요하다고 생각했는데, 내가 나를 위해서 살면 행복할 줄 알았다. 그런 일은 일어나지 않는다. 나는 부정했다. 내가 너무 부모처럼 사람들 염려하고, 무리해서 시 쓰고 그랬던 것들과 결별하자고 신년에 결심했다. 각오도 많이 했다. 그런데 일기는 쓸 수 없었다. 그렇다고 다시 나를 은연중에 혹은 의도적으로 괴롭히고 싶지도 않은데. 나는 어쩌면 좋지. 내가 나를 어쩌면 좋을지 몰라 허둥대는 것이 내가 살아온 방식이었다고 말해도 완전히 거짓말은 아닌 것 같다. 행복이란 단어는 다시 가슴속 깊숙한 곳에 감춰야 한다. 나를 너무 부담스럽게 하기 때문이다. 이런 일기를 쓰지 않으면 나는 나를 부담스럽게 계속 괴롭힐 뿐이다. 이런 일기를 쓰는 느낌으로 글을 많이 쓰고 싶다. 너무 식상하게도 나는 대나무 숲에 들어간 사람이다. 사랑해도 혼나지 않는 꿈을 바란 것은 무의식의 일부분이았다. 나는 사랑하지 않는 꿈을 꾸었다. 사랑받지 않는 꿈을 꾸었다. 나는 너의 가장 소중한 친구가 되고 싶었다. 그런 친구는 친구에게 많은 것을 바라지 않는다. 이미 서로가 서로에게 많은 것을 하기 때문이다. 그런데 이제 나는 누구에게도 많은 것을 하지 않고, 너희들도 많은 것을 하지 않는다. 사회에서 생활하는 것만으로도 벅차기 때문일까? 나는 돈을 많이 벌고 싶지만 그건 돈을 쓰고 싶어서가 아니다. 내게 많은 것을 해주고 내가 많은 것을 해주기 위해 사회에서 너와 나를 격리시키고 싶기 때문이다. 격리되었던 기억이 있다. 거기서 우리는 서로에게 질리지 않았다. 각자의 연애사업은 우리의 안줏거리에 불과했다. 나는 다시 거기로 돌아가고 싶다. 그러려면 돈이 많아야 한다. 나는 세상 같은 것을 바꾸고 싶지 않다. 내가 이번에 쓴 시가 세상을 바꿀 수 있을 것 같다고 내가 그러면 니가 정말 그럴 수 있을 것 같다고 박수를 치고, 나는 너의 탁월한, 세상에 대한 심미안을 듣고 목소리를 높이고. 그리고 새로운 시를 쓰고. 나는 격리되고 싶다. 그러나 이제 나 혼자만 그 장롱에 있는 것 같다. 이것인가? 이것이 보통의 삶인가 자조하면서. 이지영과 헤어진 이유는 우리가 서로의 시에 박수를 치지 못했기 때문이다. 그래서 우리는 함께 있었지만 항상 장롱 문을 열고 있었다. 내가 문을 자꾸

닫았다. 그리고 시를 보여주었다. 시를 보여달라고 했다. 보여주지 않았다 박수도 치지 않았다. 그런 사람과 함께 살 수는 없다는 것을 이제는 안다. 그리고 나는 이제 혼자이고 죄책감도 많지 않고 그러니 혼자다.

마음이 후련했다가 삽시간에 폭발하는 것 같다. 슬프고 슬프고 또 슬프고 나가서 게임 만드는 일을 해야겠지. 죽고 싶다. 어떻게 죽고 싶지 않겠냐 이렇게나 불안하고 견디기가 힘든데. 트위터를 보면 너네는 어떻게 해야 할지 아는 사람 같다. 그런데 나는 푸코도 싫고, 벤야민도 싫고, 아도르노도 싫다. 일기나 써라. 일기나 개새끼들아.

이지영 때문에 비밀 간직하는 삶 오래 살았지. 인간은 그냥 본래적으로 비밀이 있다. 노정태 따위가 잘난 척하면서 뭐든 다 말하는 것 같아도, 자기 유명해지고 싶다는 욕구는 존나 일언반구 안 하는 것처럼 말이다. 나는 그런 사람이 아니야. 나는 일언반구만 까는 사람이야. 그게 내 규칙이고, 난 그걸로 유명한 사람이 될 것이다. 고개 숙이고 다니지 않겠다. 봐라 내가 얼마나 부끄러운 사람인지. 이 철면피들아. 그렇게 유순하게 살면 그렇게 과격하게 살면 그게 숨긴 거냐 그게 고백한 거냐.

2015.01.14.

밥 먹으면 배가 부르고 스트레스 고통.

2015.01.15.

씻고, 밥을 먹고, 책을 읽고, 발제를 하자.
어제 즐거웠다. 운동도 하고 쓰레기 영화도 보고. 일기장 생각해.

2015.01.16.

이민휘가 준 노래를 계속 듣게 되는 것 같다.
황인찬이 트위터에 슬프다는 말을 써야만 슬프다고 했나. 뭐 비슷하게 썼는데. 어쨌든 나도 약간 그렇다. 하지만 슬프다는 말을 쓰거나 슬픔을 생각하면 예전보다 더 슬프긴 하다. 그건 그렇다.
예전보다. 예전이라는 개념이 자연스레 이해가 되는 것 또한 착각일 수 있겠지. 예전은 내가 지금 말하는 예전이 당연히 아니겠지. 그렇지만 지금이 더 슬프다고 얘기할 수 있는 것은 예전에는 슬픔이 계속 왔지만 지금은 슬픔이라고 말하면 한꺼번에 오는 것 같기 때문이다. 이불보다 무거운 보자기로 재빨리 나를 감싸듯이 온다. 그리고 나는 차분하게 그것을 받아들이고 헤어 나오고 싶다고 생각하지 않고. 그냥 견딜 수가 없다고 생각하며. 그래서 예전처럼 죽고 싶다고 생각한다. 이러한 기분을 예전에도 많이 느꼈을 것이다. 모두 다 착각일 것이다. 괴로운 것 같다.

그리고 이제 행복 같은 건 별로 생각하고 싶지 않다. 나아질 거라고 생각하지도 않는다. 저번에 쓴 일기가 괜찮은 것 같다. 격리라는 표현이 좋다. 격리되고 싶다. 그렇지만 나는 외로운 건 싫다. 한 번도 외롭지 않았던 것은 여기에 누가 있었기 때문인 것 같기도 하다.

그렇지만 이제는 다 나를 떠날 것 같이 느껴진다. 매 순간 그렇다. 예전엔 그렇지 않았는데 이제는 좀 그렇다. 이런 게 무서워서 박남철 같은 인간도 있고 그랬던 것 같다고 생각한다.

2015.01.17.01:00

자라.
한꺼번에 온다면. 시를 쓰기엔 좋겠지. 그러나 시를 쓰지 말자.
이 시간에 자면 모든 것이 나쁘다. 하지만 자고 일어나도 아직 해가 뜨지 않고 캄캄한 것은 좋다. 완전히 깜깜하다. 그리고 누워서 핸드폰으로 그 음악을 들으며 눈을 감고 있다가 뜨고 있다가. 그러면 좋을 것 같다. 바로 그 순간을 위해서만 살 수도 있을 것 같다.
그리고 죽음 ㅇㅇ
아 진짜 자살하면 이 괴로움 더 느끼지 않을 수 있을 것 같다.
하지만 행복하고 싶지도 않다. 괴롭고 싶지도 않고. 부정과 부정 속에서 그냥 유령처럼 떠다니는 것인데 나는 유령이라는 단어도 진짜 개 싫다. 오늘 본 기혁이라는 사람이 시에 쓸 것 같은 단어다.
그리고 내가 진짜 살면서 미안하다 미안해 얼마나 자주 하면서 살았는지 모른다. 항상 내가 뭘 잘못했나 생각하면서 살았다. 잘못도 많이 했지. 애새끼처럼.
너는 그냥 인간이 그렇다고 정예은이 제일 많이 그렇게 말했다. 그래 나 같은 인간들은 그냥 다 자살하면 되는 것이다.
난 그래도 사형선고는 내린 적 없다.
다음에 만약 쓴다면. 다음에 만약 시를 쓴다면. 그렇게 말하는데 눈물이 약간 날 것 같으면서 가슴이 저렸다. 맞는 말이다. 이제 쓰지 못할 수도 있다. 지금 자살을 할 수도 있다. 확실히는 모르지. 그렇다고 지금 시를 쓰고 싶지도 않다. 그리고 나는 시를 쓰지 않을 것이다. 시를 쓰면 시가 아니다. 너무 당연한 말이다. 당연한 말을 하지 않기 위해서 노력하고 싶지 않다. 그건 거짓 노력이다. 나는 원래 당연한 말은 하지 않는다. 긴장만 하지 않으면.

너네라는 말도 좋다. 너네.

너네들은 어떻니. 나는 좆같애.

제목은 이렇게 쓰자. "다음에 만약 시를 쓴다면 제목은 보내준 노래로 해야겠다" 처음 시작은 이렇게 하자. 보내준 노래가 아니라 보내준 음악이다. 누군가가 내가 음악을 노래라고 부른다고 지적했다. 누군가가. 누군가가.

상상 속에서 만나자 잘자.

2015.01.17.02:33

잠이 외면이라고 생각하니 너의 불면증을 생각하면 마음이 찢어지는 것 같다.
그런 너의 불안함을 외면하는 사람들이랑 놀지 말았으면 좋겠다.
여기 아무도 안 오고 너만 왔으면 좋겠다. 이제 이거 안 해야겠다.

2015.01.17.09:47

죽을 수도 있을 것 같다.
단어의 물신적인 성격에 감화를 받아서 제목을 고른다. 나는 흔히 그렇게 한다. 흔쾌히 그렇게 한다. 그리고 시에서 그 제목의 섹시한 느낌을 삭제한다. 그렇다면 제목을 짓는 과정을 연속해서 보여주는 시라는 것은 물신을 선택하며 물신성을 지우는 과정이다.
우두머리.
일기장을 만들어야지.

2015.01.17.11:48

아 정말 왜 이렇게 괴롭지. 이해가 안 되네.
나는 "자살한 나"라는 이미지를 가지고 싶은 것일지도 모른다. 그런 것 같다. 노예. 상품의 노예.

2015.01.17.23:17

왜 니가 좋지.
왜 이렇게 피곤하고 괴롭지.
음악은 일찍 자고 새벽에 일어나서 잠에서 덜 깼을 때 듣는 것. 그것이 음악을 듣는 가장 훌륭한 방법이라는 걸 깨달았다. 음악을 듣는 것을 싫어한다. 하지만 이렇게는 들을 수 있을 것 같다.

2015.01.18.09:11

대화가 흥미롭지 않은 사람과는 친해질 수 없어.

2015.01.18.22:52
___

자본주의 사회에 살면서 내가 쓴 시가 상품이 되지 않길 바란다는 소망은 순진한 칭얼거림에 불과할지도 모른다. 이 글을 그런 칭얼거림으로 도배하려 한다.

2015.01.20.02:47
___

어떻게 생각해도 답이 안 나와서 잠을 자려고 해도 잠을 자고 일어났을 때 너무 괴롭다는 것을 아니까 잠을 자기가 어렵다.
잠을 많이 자주 잤으니까 이러한 사실도 안다.
니가 나를 책임져라.

2015.01.20.04:25

나는 반복이라는 말이 싫다. 나는 기독교가 싫다. 나는 잠을 자기 싫다. 내가 반복이라는 말을 싫어하는 이유는 반복이라는 말을 좋아하는 사람 때문이다. 내가 기독교를 싫어하는 이유는 너무나 많은 새로움들이 신앙 안에서는 언제나 대단한 새로움들이며 그 언제나라는 단어가 반복을 환기하기 때문이다. 내가 잠을 자기 싫어하는 이유는 어렸을 때부터 반복이다. 기적을 바라기 때문이다. 나를 낫게 했으면 좋겠다. 누가 이 모든 반복을 끝냈으면 좋겠다.

과거의 일기를 읽었다. 너무 좋은 일기가 있었다. 불과하다는 표현에 대한 일기였다. 아직도 불과하다는 말을 좋아하고, 과거에도 좋아했다는 것을 알았다. 그래서 반복이라는 말이 싫다고 썼다. 쓰면서 반복이라는 말을 좋아하는 사람 생각을 했다. 그 사람을 싫어하지 않는다. 모든 사람을 싫어한다. 좋아하는 사람은 없다. 편한 사람이 있고, 어쩐지 계속 봤으면 좋겠는 사람이 있다. 좋아하는 사람은 없다. 이렇게 반복해서 쓰면 느낌이 다르다. 느낌은 불과하다. 나는 불과하다는 표현을 좋아하지만 불과한 것들을 좋아하지 않는다. 나는 좋아하는 것이 없다.

아니다. 나는 일기를 쓰는 것을 좋아한다. 여기에 글을 쓰는 일을 좋아한다. 정말 좋아한다.

대단함은 기독교적인 것이라는 생각이 든다. 그러자 처음으로 대단함이 싫었다.
내 종교는 시 그러나 기독교다. 내 시는 기독교. 그렇지만 시를 싫어하는 이 느낌이 싫다.

2015.01.21.

슬픈 세월이네.

2015.01.24. 03:03

아 내가 정녕 미쳤나.

2015.01.25.

가만히 있어라.
귀찮게 하지 말아라.

2015.01.26

너무 괴로움 바로 지금 이 순간에도.

2015.01.26
___

그냥 지금 자살해야겠다.

너무 괴롭다. 진짜 너무 많이 괴롭고 왜 사는지 정말 모르겠다. 이렇게 괴로우려고 사는 거면 그냥 살기 싫고 딸 같은 것도 낳기 싫다. 사랑도 필요가 없고 그냥 자살하면 되는 것 같다. 시 같은 것도 쓰기 싫다. 돈 같은 것도 벌기 싫고 음식 같은 것도 먹기 싫다.

그냥 너가 죽지 말래서 사는 거다.

2015.01.27

사실 자살 같은 거 하지 않고 암 같은 거 걸려서 3개월만 사랑받으며 살다가 죽으면 그게 더 좋겠긴 하지만 쓸데없이 병은 안 걸리더라. 개같은 새끼.

살아서 뭐 하냐. 돈도 없고 시도 쓰기 싫고. 일도 하기 싫고. 자살 자살 계속 지랄이나 하다가 사람들이 다 질려서 떠나고 혼자 고립되어 그냥 괴로움 터지겠지. 그러면 또 자살 자살이나 하겠지. 그럼 그냥 자살하지 왜 사냐. 죽어라 진짜.

개 같은 꿈보다 해몽인가 뭔가 지랄 좆같은 영화가 자살하는 방법 알려줘서 참으로 고맙네.

니가 뭘 알긴 알아. 니가 뭘 알아.

2015.01.27.

보니까 번개탄 같은 거 사서 피우고 차 안에서 청테이프로 창문 막아놓고 잠을 자던데.

수면제도 먹고.

그래 시발.

2015.01.28

일기는 다시 쓰기로. 오늘 김하늬가 웃기는 얘기 하나 해보라고 했는데 그 말이 올해 들은 말 중에 가장 안심이 되는 얘기였다. 그리고 집에 갔더니 또 조금 안심. 승일아 정말이야. 죽고 싶다고 하지 마. 지금은 또 상희 언니 집에서 자고 있다. 여기 무슨 호텔인 것 같다.

2015.01.30. 12:41

호주에 가서 캠핑카 타고 남쪽에서 북쪽 가보자. 굉장히 오래 걸리겠다. 이상한 해양 생물 음식으로 파는 데에 들어가자. 캥거루 고기를 맛있게 먹는 법을 찾아보자.

2015.01.30. 13:09

쓰고 나서 사람들 앞에서 읽었을 때 눈물 났던 시들을 따로 모아서 생각을 해보면 좋겠다.

연보

1987년 출생   6월 22일 한국 경기도 과천시에서 태어남.

1989년 2세   기억나지 않음.

1990년 3세   오이를 먹고 토함.

1991년 4세   책을 좋아하게 됨.

1992년 5세   성심유치원에 입학.

1993년 6세   시계를 볼 수 있게 됨. 예지유치원 입학.

1994년 7세   피아노를 배우기 시작함.

1994년 8세   관문국민학교에 입학함.

1995년 9세   초등학생 대상 그림대회에서 3등 상을 많이 받음.

1996년 10세 관문국민학교가 관문초등학교로 바뀜. 유복한 가정환경 속에서 랍스터나 소고기를 많이 먹음.

1997년 11세 사람들로부터 미친놈이라는 소리를 많이 듣게 됨. 어머니가 울었음.

1998년 12세 관문초등학교 축구부에 입단.

1999년 13세 허윤희라는 동급생에게 호감을 표하지만 짝사랑으로 그침.

2000년 14세 과천중학교에 입학함. 성적이 크게 떨어짐.

2001년 15세 서점에서 책을 훔치다가 걸려서 크게 혼남. 성적이 크게 오름.

2000년 16세 경기도 육상대회 중등부 400m 달리기에서 3위 입상.

2003년 17세   공부를 하지 않고 시를 써서 대학에 진학하려고
               함. 안양예술고등학교 문예창작과에 입학함. 박성
               준과 최원석을 만남.

2004년 18세   태어나 처음이자 마지막으로 문화생활이라는 것
               을 함. 친구들과 함께 '지구본 클럽'이라는 그룹을
               만들어서 아무것도 하지 않음.

2005년 19세   가톨릭 성당에 다니기 시작함. 바우돌리노라는 세
               례명을 받다.

2006년 20세   2월 안양예술고등학교를 졸업. 3월 명지대학교 문
               예창작과에 입학. 잦은 음주로 인해 식도염, 십이
               지궤양에 걸림. 6월에 자퇴하면서 시와 멀어지게
               됨. 아버지의 형편이 조금씩 나빠지기 시작함.

2007년 21세   3월 한국예술종합학교 연극원 극작과에 입학함.
               친구 민정기와 함께 동생 김지선이 유학 중이던
               호주 시드니로 여행을 떠남. 자동차 사고가 남. 성
               당을 나가지 않게 됨.

2008년 22세   5월 단막 희극「Formae」를 한국예술종합학교 식당 앞에서 초연하지만 별다른 반응이 없음. 이후 극단 '한배에서나온개새끼들'을 만들지만 몇 달 후에 없던 일이 되어버림. 밴드를 만듦. 이원 시인에게 수업을 들으면서 다시 시를 쓰기 시작함.

2009년 23세   6월『현대문학』신인추천을 통해 시인으로 데뷔함. 김영재와 함께 인도 북부로 여행을 떠남. 인도를 증오함. 아직 시를 한 편밖에 발표하지 않은 상태에서 문학과 지성사와 구두로 계약함. 현대시 11월호에「부담」을 발표함.

2010년 24세   한국예술종합학교를 휴학함. 총 37편의 시를 발표함. 첫 시집의 표제작,「에듀케이션」을 쓰고 강의실에서 낭독함. 김영재와 함께 인도 남부로 여행을 떠남. 중간에 김영재와 헤어져서 다시 인도 북부로 향함.

2011년 25세   잠시 포항에 체류. 거기서 유일하게 첫 시집에 수록되지 않은 시「토끼년」을 쓴다. 이랑에게「나의 자랑 이랑」을 헌정함. 혹평을 받음. 안식년을 맞아 제주도로 떠난 대학교수 김태웅의 방에서 생활.

2012년 26세　2월 한국예술종합학교를 졸업함. 다시 성당에 나감. 5월에 첫 시집 『에듀케이션』이 발간됨. 안양예술고등학교에서 시와 시나리오 쓰는 법을 가르침.

2013년 27세　3월 중앙대학교 대학원 문화연구학과에 입학. 재미공작소에서 시를 가르침. 박성준, 김엄지와 함께 『소울반띵』이라는 책을 출간.

2014년 28세　대학원 신문 편집장으로 일함. 대학원 수료. 시 쓰는 일에 회의감을 느낌.

2015년 29세　자살을 결심함.

1월의 책
ⓒ 김승일, 2021

2015년 6월 15일 초판 1쇄 발행
2019년 11월 10일 2판 1쇄 발행
2024년 4월 30일 2판 3쇄 발행

지은이 | 김승일
펴낸이 | 김승일

펴낸곳 | badbedbooks
주소 | 서울시 마포구 망원로 65(망원동) 2층
홈페이지 | completecollection.org

ISBN 979-11-955565-1-9 03810

이 책은 저작권법에 의해 보호를 받는 저작물입니다.
이 책에 수록된 글을 사용하고자 할 때에는 반드시 저작권자와 badbedbooks의 서면 허락을 받아야 합니다.